おひとりさまのケチじょうず

シンプルに美しく暮らす

小笠原洋子

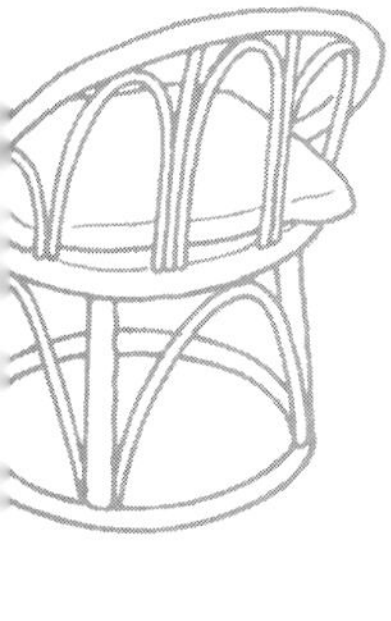

ビジネス社

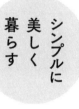

はじめに

楽しみながら節約するという暮らし方を、『ケチじょうず――美的倹約暮らし』（ビジネス社）で著わしてから一六年が経ちました。私は今年七〇歳になります。働かずして年金暮らしをしているおかげで、ケチ度も低下することなく維持されているようです。

私は学生時代から、「卒業したら家を出て経済的にも独立したい」と思っていましたが、定年まで働くつもりはありませんでした。したいことが山ほどあるような気がしたので、できるだけ自由に生きていける道を模索していました。

とはいえ、働かずに生活できる身の上ではありませんでしたから、正規雇用の勤務を四五歳でリタイアしたあとは、アルバイトを転々としながら「何が何でも六五歳までは働け」と自分を叱咤して生きてきました。

そして六五歳を過ぎて、いよいよ働かずに貴族のような生活ができると胸を膨らませて年金受給額を算出してみたときは、その低さに脳震盪を起こしそうになりました。

私は三〇歳で国民年金に加入しました。当時からすでに「年金など納付しても、将来支給される公算がない」という風評を耳にしていました。親がすすめるので納め続けましたが、風説も嘘ではなく、受給額は次第に減り、真面目に払ってきた私でも、月々たった数万円という家賃に満たない金額を、現在、受け取っています。

子どものころから貯金が好きだった私は、ただ通帳の数字が上下することだけがおもしろくて、お小遣いを貯めたり出したりしました。もちろん引き出すことには積極的ではありませんでしたが、時には思い切って使いました。

四〇代の初め、その預金を基に個人年金に加入し、老後の公的年金の足しにしようと思い立ちました。当初からアルバイトであれ六五歳になったら働かないと決めていたので、個人年金も公的老齢年金と同じ六五歳から受け取ることにして、終身保険ではなく、七〇歳まで受給できるように設定しました。

その額が公的年金より若干多いということだけは漠然と知っていましたが、「私は公的年金だけで生きるのだ」という妙に確たる意思があって、個人年金にはできるだけ手を着けまいと決めていました。なぜかといえば、そのころには、どうやら人生とは、世の中とは、というカラクリがうすうすわかってきており、老人になると「思わぬ出費」という事態が多発するはずだと考えたからかもしれません。個人年金は、そのときのための補助的資金のつもりでした。

個人年金加入時に四〇代だった私は、七〇歳を「とりあえず」の死亡推定年齢にしました。ところが六九歳になっても死ななかった私は、何となく保険証を開いて、「え!? あと一年で終わり!」と気づき、ボーッと生きていたことにいささか青くなりました。

おそろしいことに、公的年金・私的年金ともども、ほとんどが生活費および家賃に充てられていました。思いのほか多額が出費されていたのです。七〇歳になる私に幾ばくかの預金があったとしても、これからの収入はいよいよ公的老齢年金だけという暮らしが待ち構えていました。

「できるだけお金を使わない」というのが、幼いころからの私の信条ではありましたが、老いていっそうケチ度を磨かざるを得なくなったわけです。

とはいえ、ケチを追求するあまり、みじめになることだけは避けたいものです。私が目指すのは、できるだけ無駄を省いて物質から自由になり、その代わり、心を満足させることができるよう工夫に工夫を重ね、可能な限り豊かな気持ちで日々を暮らすこと。それが、

〝ケチじょうず〟だと思っています。

本書では、私なりの日々の工夫あれこれをご紹介します。少しでもみなさまのヒントになれば、著者としてこれ以上の喜びはありません。

二〇一九年一〇月

小笠原洋子

◉おひとりさまのケチじょうず　シンプルに美しく暮らす　もくじ

第四章 ケチカロジー・ライフのすすめ

第八章　医者のいらない身体をつくる

序章

物を持たない贅沢

ケチを徹底すれば、暮らし方も生き方もシンプルになれる

二〇代のころ、一日三〇〇円で生活していたことがあります。三〇〇円を超過すると罰ゲームがあり、過剰金を、翌日の三〇〇円から差し引くのです。当初はケチ趣味が高じたゲーム感覚でしたが、同時に、いつかは貧しい生活を強いられる運命にあることを予感していたので、半ば真剣な試みでもありました。

その後、職を得て私は京都の画廊に就職しました。ちょうどそのころは第二次絵画ブームで、美術品が一般の人に買われるようになった時期です。

私は過分な報酬を得てお金持ちでした。いつか大航海をしたいという夢を抱き、給料の三割以上は貯金していました。どのくらい貯まったかなど、預金高はそれほど気にしていません。今月はいくらいくらでやっていくと決めたら、それに忠実であること、極力使わないことに熱を注ぎました。出費予定のお金があまれば得した気持ちになったので、私は生まれながらの倹約体質だったようです。

「一日一〇〇〇円」で暮らす

その後、三〇代半ばで東京の私立美術館に学芸員として勤めることになり、給金は三分の一になりました。いよいよ三〇〇〇円生活が現実のものとなったのです。ただし、その時代になるともう三〇〇〇円生活は一年も持続せず、一日一〇〇〇円にベースアップ(?)しました。使える額が増えたのではなく、三〇〇〇円ではあまりに物が買えないことで生活が逼迫し、現実性希薄な三〇〇〇円遊戯ではなく、もっと本気の少額生活をしなければ……と思い始めたからです。その現実的な設定値が一〇〇〇円でした。

一日一〇〇〇円と決め、二〇〇〇円超過すれば、翌日八〇〇円に抑えるという塩梅です。しかし逆に、買い物にも行かず一日出費ゼロの場合、それを翌日に上乗せして二〇〇〇円使ったりはしません。別にしておくのです。つまり貯金。といっても知れた額なので、一応なくさないよう透明袋などに入れたうえ、机の引き出しのいちばん奥とか、レターセットの便箋の下などに隠しておきます。他人から隠すのではなく、自分に忘れさせるためなので、これを見つけたときが嬉しい。でも、見つけてもすぐに使ったりしませんよ。さらに奥地に寝かせておくのです。

固定資産税が厭で、家賃の安い団地へ転居

三〇を過ぎたころの私は、もう優雅な船旅など夢見ることもできなくなり、それより貯めたお金が生活費に奪われないうち、土地を買うことにしました。社会人になったときから、どんな職場であれ四五歳までしか勤務はしないと考えていたので、その

後フリーターとして働けるだけ働いたとしても、不安定な生活を強いられることは覚悟していました。そこで土地を買った数十年後、それを売ったお金で、郊外の分譲団地を買いました。だた、その家も売ったので、現在の私の住まいは賃貸です。

そもそも自分の家を持つというような、定着感のある生き方ができないうえ、望みもしない私が、なぜ家を買ったかといえばありきたりの打算でした。しかも私らしい誤算。たとえばあと二〇年くらい生きるとすれば、家賃を払うより買ったほうが割安だろうといった、いわばどんぶり勘定でした。

しかし一〇年経って転居癖が疼いてきたとき、同時に自分の家を所有していることに束縛を感じました。いちばん厭だったのが固定資産税です。たとえ家賃を払うより安くても、自分で買ったものに対して毎年お金を払わなければならないということは、ケチな根性にとって受け入れ難いことでした。購入から一〇年たった分、私の寿命も減ったのだから、支払い期間も縮小される。そこで、運よく見つかった安価な賃貸団地に入居しようと決めたのです（これから何年生き延びるかわからないので、今後の家賃の支払いに悪戦苦闘しそうですが）。

そんなわけで、これまで私がお金持ちだった時期は少なく、常に倹約と親しんできたものの、借金はすることなく生き延びてきました。今でも財布の中で、使えないお金と使えるお金（一日一〇〇〇円）を分けておいて、使わないお金が減らないようにすることに努めながら、それを半ば楽しんでいます。なぜ使わないお金まで持ち歩いているのかといえば、使えるお金があまりに少ないので、財布内で借金しなければならないこともあるからです。つまり、お会計のレジで、「あ、お金がない」とうろたえないためです。

でも、私はたびたびうろたえています。ケチが身に染みて、使えないお金を持っていることすら忘れているからです。それほど私にとっては「使えないお金」だということです。

預金に関しても同じ。金融機関を別にして、引き出せる銀行と、「無い」と思い込ませるほど引き出さない銀行とに分けています。

なお預金から差し引かれるクレジット払いは、一日一〇〇〇円の枠外としました。それでは甘いのですが。近年はポイントを貯めるために、クレジット払いも利用するようになりました。でも、それも若干です。

「現金は一日一〇〇〇円」という基本路線は、七〇歳になる現在に至るまで、ほぼ守られています。食費くらいにしか充てられない一〇〇〇円を、翌日はそれを買わずにすむよう、二日分見込んだ買い方をする。すると、その翌日の一〇〇〇円は、買えないでいた雑費に充てられるという、ささやかな希望につながる。そういう工夫が明日を生きるチカラになるのです。

ただし一日一〇〇〇円を基本とするにしても、たびたびその枠を越えるのが現実というもの。それでも「駄目だ」と決めつけることなく、「やーめた」などとあきらめもせず、ケチケチするココロザシだけは不動のものとすることが大事なのです。

物にあふれた生活から逃れる

極限までムダを省くと、物が減っていきます。生活空間がシンプルになります。身も心も生活のすべてにおいてケチを徹底するということによって、暮らし方も生き方もシンプルになれるのです。

これこそが理想だと思えるまで、ケチ化をすすめられれば、心身に爽風がわたる思いがするでしょう。それは、簡素な衣をまとい、質素な棲み家の暗い軒先で、望月の月光を浴びて心を満たした、いにしえの脱俗の人への、尽きない憧れにすぎないのですが……。物によってしか生きられなくなった現代人として、私にはそれが理想なのです。


理想的なケチ磨きとは何でしょうか？　それは、ケチ自慢をすることでもなく、いかにもケチらしく振る舞うことをも避け、物を持たないゼイタクを着々と推進することでしょう。ただ節約するだけではなく（そこに大きな目的があるわけですが）、精神的な充足を感じること。まさに日本人が得意とする「道」の探求、「ケチ道」と言えるかもしれません。

私は今なお、「物を持たない究極のゼイタク」を探求しているのです。

第一章

シンプルに清々しく暮らすコツ

生活のダイエットをする

みなさんダイエットなさるでしょう？　チコちゃんじゃないけれど、「どうして？」当然、痩せたいからですよね。「なぜ痩せたいのぉ？」それが美しさの条件だと思うからですよね。あるいは健康のため。メタボを避けるためかもしれません。

私にとって「ケチ」は、生活のダイエットなのです。ダイエットは本当に効果をもたらすかどうかわかりませんし、時代や国柄が違えば「痩せ」は「美」の基準ではなくなることもあります。ですから、ダイエットするかしないかは、人それぞれです。

でも、私が生活をダイエットしたいのは、「痩せた生活」は清々しいと思うからです。

高価な物や、たくさんの嗜好品に囲まれた生活は豊かです。でも、豊かになるには、人それぞれ限界があるでしょう。その限度が私の場合は、たまたま低かったのです。

しかもたまたま、それで満足できる性格だったのです。最大限、やりくりしなければなりませんでしたが、工夫を重ねて独自の生活法を編み出すのも楽しかったのです。

シンプル・イズ・ザ・ベスト。ファッションにしてもシンプルな装いが好きです。

フリルもリボンもない直線立ちのチュニックに膝丈のタイトスカート。

シンプルな食べ物も好きです。ざる蕎麦に冷奴。

そして、シンプルな住まいが合っています。理想は方丈の庵。草庵とまでは言いにくいですが。

財布の中身もシンプルです。半ば綱渡りではありますが、うまく綱渡りしなければ、次に着地できないような生き方が合っているようです。孔子さんも言ってらっしゃいますよ。「人間の楽しみは、貧賤の中にある」って。

生活は「整理整頓」の繰り返しと心得る

若いころは、転居時に思い切って家財や衣類をだいぶ捨てたことがあります。でももう、部屋や収納スペースが満杯になったから捨てるということはありません。それほど物を持っていないからです。

ただし片付けはよくやります。片付けるのが好きなのです。このごろは物の保管場所を忘れることが多くなったので、それを探しながら整理していきます。

こういうとき、「ない！　どうしよう」と慌てて、「まず片付けなくちゃ」と手あたり次第にはじめると、整理の深みにはまってしまい、挙句、熱が出そうになるほど入れ込んでしまうので、用心です。

片付けるときは数日前から心の準備をして、体勢も整え、「この箇所だけ」と範囲を決めてからはじめます。失せ物はだいたい見つかりますし、同時に片付きます。とはいうものの、私の場合、整理整頓する程度で要らないものは処分できます。たとえば着られなくなった衣類は非常時持ち出し用の袋に入れ替え、破れたような衣類は四角く切って、靴磨きか雑巾替わりにするくらいですんでしまいます。

生活は整理整頓の繰り返しですが、それを無駄と考えず、何度でもずっと片付け続けるのです。片付けは、失せ物発見と同じくらい気持ちよいですよ。書類や伝票、書簡類だけでなく、食器棚、箪笥の小物やアクセサリーの箱、靴箱など、どこか一か所でもどうぞ。何かしら発見があり、必ず要らないものが出てきます。

捨てるべきは「所有する喜び」

　近年、物を処分するスキルがいろいろと取り沙汰されていますが、捨てられなくて困っている方はまだいらっしゃるようです。

　平均的に日本の家屋はそう広くありません。物を増やすと、一見、今家にある物と共存するようですが、実際は物が家を侵略していくことになるのです。新しい物を加えると、部屋や身の周りまでが真新しくなるような気がしますが、そんなことはあり得ませんでしょう。

大邸宅にお住まいの方は別にしても、そうでないなら、物を買い込み、荷物のためにトランクルームを借りたりされるのはいかがなものでしょう。

「買うことは、増えること」と先に考えてください。それどこへ置くの？　増やして家が広くなることはないのです。

洋服はクローゼットがパンパンになって、取り出すのが面倒になるだけ。皺になるし、どこに入れたか探すのも汗だく。

本気で捨てたい人は、所有の喜びこそ捨てましょう。所有は侵略です。

物を捨てるしか、物以上のものは拾えません。

おしゃれのための洋服は買わない

もう十何年も、おしゃれのための洋服を買っていません。嘘だと思われるでしょう？　かつての私なら、やはり嘘。しかし今は事実です。買えなくなったこともありますが、増やすことに飽きたのです。

洋服には必需品というのがあるものです。あまりにみすぼらしい古着だけではマズイとも思います。それでも、おしゃれ着を増やす必要はないと思うようになりました。それは悟りなどではなく、年金生活という歴然たる現実が横たわっているからです。

お金もないのにおしゃれ着を買うのは、身の破滅です。

さまざまな理由で着づらくなった服を、どうしたら気に入るように直せるか、いろいろ思いめぐらせるのが私は好きです。

簡単なリフォームなら趣味です。リフォームしてはみたものの、「やっぱり着られないわ」という結果になることも多々ありますが、「ほうら、よくなったじゃない！」と、鏡の前で体に服を当てながら喜ぶこともあります。リフォームなら増えることもありません。これが私のオートクチュールです。

家事は作業の手順を決めておく

家事の一つ一つの作業は、おおかた手順を決めています。

例えば掃除機はどういうルートで進め、この地点に来たら、これをこう移動させて、この隙間は細いノズルに換えるなど、条件反射的にルートを進められるようにしています。考え事などしていると力任せに腕だけ動かして、同じ箇所ばかりこすりかねません。それでは電力と時間と体力の無駄です。もちろん、ルートは意識的にならば変更することもあってＯＫ。別の視点で汚れを発見できるからです。

なお掃除機には、ときどき「換気扇」とか「エアコン」とかメモした付箋を付けておきます。フィルター掃除をすぐ忘れるので、掃除の前に思い出すためです。

また、例えば食器洗いなら、洗剤を付けたら（環境上、洗剤はご法度なのですが）、どういう順に食器を重ねれば、より水を無駄にしないで洗剤が落ちるかを考えておきます。洗い終わったらゴミをすぐさらい、ゴミ落としも食器と同じように洗います。シンク周りの水気をすぐ拭き取り、その布巾も洗ってしまいます。

入浴時も動作の順序を決めておき、それを習慣化してしまえば、シャワーの水量を無駄にしないことにつながりましょう。

ちょっと脇道に逸れますが、浴室を出て寝室に行くまでの間、昼間履いているスリッパを履きたくなくて、私は風呂用スリッパを履きます。ホテルのアメニティグッズの軽いスリッパです。一人旅でもツインに通されることが多いのですが、部屋には新しいスリッパが二足。「お持ちください」とビニール袋に書かれていたことがあって、それ以来、一足をいただいてくるようになりました。長持ちはしませんが、白いタオル地なので気持ちがよいです。

散らかさないためのシンプル生活四か条

さっきまで開いていた冊子や、何か取り出したあと、ぴったり閉っていない小物入れ。屑入れに入れ損ねた紙切れ。買い物から帰ってポンと置いたマイバッグ。洗ったけれど、乾くまで出したままにしている食器などなど……。ちょっと気を抜くと私の部屋も乱れます。

それらに気付くと、異様に気になる。すぐにパンフレット数枚は重ね直して角を整えて置き換え、小物入れの中身を入れ直します。屑入れに入れ損ねた反故紙は、ハイちゃんと捨てました。ポンと置いてグニャッとしていたビニールバッグは、まっすぐ立てましょう。
ものがたくさんあったとしても、角や縁を整え、角度を統一するだけで、整頓されるものです。これが片付けの第一歩。

以下、生活を散らかさず、シンプルに暮らすための四か条です。

①手続きなどの雑事は、期日を待たず、すぐしてしまう。
②はさみなどは使い終わったら、すぐしまう。
③時間を追え。追われてはいけない。「よし先手を打つぞ」という意欲と、時間配分を予知するコツをつかめば、時は追えます。
④生活のリズムは、規則と不規則のバランス。緊張状態を主軸にして、たまに緩めるのです。反対でもいいですよ。緊張とダラリズムの両方。メリハリをつけると生活が活性化します。

食器は食事のあとすぐに洗って、流しの上に渡したカゴに、なるべく重ならないよう、広げるように置きます。だいたいの場合はカゴに入りきらないので、お鍋など大きいものは、ガス台の上で換気扇の真下に、新聞を広げて置きます。半時間も換気扇を回していれば、ほとんど乾いていますから、紙タオルで拭いて収納します。念のために拭く程度です。ちなみに、その紙タオル、しばらく干しておけば再度使えます。

私は食器棚を持っていないので、すべての食器はシンクの下の引き出しと、横の戸棚に収納します。収納場所が少ないということは、片付けやすいということです。もちろん、収納する物が大量にあるなら、話はまったく変わります。

私も、家族が残した食器をすごい数量処分しました。でも、まだまだ多いと思っています。禅僧のように、入れ子状の食器が五器もあれば十分。親には悪いけれど、何かをきっかけにして捨てる予定です。

美容に何万円もかけるのをやめる

パーマネントは高い。ヘアカラーも高い。カットもセットも高い。

驚嘆するのは、ほとんどの女性が髪に月々数万円かけていらっしゃること。私には絶対真似できません。美容といえば、化粧品も多くは高い。際限なく高い。

パーマをかければ格好よいヘアスタイルになること、髪を黒くすれば若々しく見えること、美肌クリームを塗ればいささかでも白くなったかのように、顔つきまで明るくなること、よくわきまえているつもりです。

でも、ウエーブに白髪染め、しわ取りにシミ抜き、すべて「オーノー！」です。

これらを全部やめると、若干生活が楽になります。ついでにロングヘアはシャンプー量が多くなり、かつドライヤーの電気量が嵩むので、私は伸ばしません。

髪は、格安カットショップを一〇年以上愛店しています。当初は女性客はほとんどいませんでしたが、そういうことには厚顔なので、見つけたと同時に美容院からこちらに切り替えました。

そもそも美容院にも行きにくくて、うしろ髪も自分でカットしていたくらいです。ハサミとは相性がよいらしく、はじめチョロチョロ、それからハサミを縦にして、中チョンチョンチョンで、案外整いました。ところがそのあとがたいへん。切った髪が飛び散るわ、襟から服の中に入るわで、切るたび掃除に大わらわ。

そんなわけで、お安い散髪屋は切ってくださるだけで私にはありがたいのです。

白髪に合う装いを工夫する

美容費を削減するときにいちばん肝心なのは、美しく見えなくなっても、みじめにならないことでしょう。私は、白髪を「終《つい》のカラー」に選んだとき、髪に似合う装いに転換しました。白髪を「負の色」と考えないように、そうしたのだと思います。

簡単にいえば、好きな服でも白髪に合わなければ、以前着ていたようには着ない、ということ。着こなしにひと工夫するようになりました。

たとえばどこか（なるべくなら顔に近い箇所）に、白や銀色をあしらいます。ブローチなどでアクセントをつけてもいいですね。ボトムだけを白にするのも一案です。白やグレーのスーツやワンピースなら、難なく白髪を活かせます。それでも暗い印象に陥るきらいがあるので、赤いルージュを引くと素敵です。

またはバッグなどの小物で、白髪や白い服を逆に強調するようにするといいと思います。

白髪を活かす装いの例。Tシャツ風の白のルーズなハイネックに、本物のパールのネックレスを着ける。

ベレー帽を傾けて被り、耳の出るほうに、わざと白髪を出す。服は白いセーター。ベレーとベストはグリーンなど同色に。

真珠のイヤリングか、白いブローチ（点線）を。両方は着けないほうがシンプル。服は赤でも黒でも。

白やグレーといった同系色のバッグなら、ありきたりでない、例えばビーズ素材とか、とびきりオリジナリティのある更紗などのポシェット。

色で変化をつけるなら、明るい色の靴や帽子と同色にしてみるのはいかがでしょう。帽子はどんな形でもかなり存在感を示すので、衣服のデザインにもよりますが、色はむしろ控えたほうがいいかもしれません。

今、気に入っているのは、ハイカラーの襟の部分だけプリーツになった白のTシャツ。安物です（口が裂けても言いたくない三〇〇円）。上に着重ねた服の中から襟を出すように着ると、柔らかさが出ますし、髪の色にも合います。

高価な化粧品は卒業する

還暦を迎えたとき、化粧品も思い切って低価格品に替えました。誕生日に、たまたま乳液を使い切ったので、逆さまに立てておいた瓶から、思い切り残りを掌に叩き落として空け、さらに指先を瓶の口に入れてはスポスポと抜きながら全部出し切り、結果いつもよりずっと量が多くなった液を、たっぷり塗って祝いの化粧としました。

翌日からは、価格ツーランク下の新しい瓶です。安くても良質であるかどうかを見極めることには、神経を使っているつもり。さて、どんなお顔になるか楽しみです。

私は部分乾燥肌なので、Tゾーン以外は保湿が必要です。乳液もしっとり系ですし、冬季はナイトクリームを塗って寝ます。一度倹約してハンドクリームを塗ったら、ポツポツが出てしまったのでそれは中止。グッとお安いお顔用クリームになりました。知人から、舞妓さんが使うクリームを贈られたときは小躍り状態。目眩《めまい》がするほど雅な香りでよく伸びること。もったいないので、めったに使いませんが。

肌との接触率がいちばん高い化粧水には、今でも気（お金）を使っています。段階的に安価品に変更していく予定ですが、もう数年は替えない予定です。

お化粧は最低限のみ

お化粧は基礎だけです。夏季は下地クリームとUVカット液を加える。ファンデーションは、五〇代のころから使わなくなりました。シミとかシワのある肌って、きっとみなさんよりは嫌いじゃない。年輪を観るようで、私は好きです。

ただ小鼻の産毛の断面は、私も人並みに好みではないので、TPOによって、ここだけパウダーを叩きます。このパウダー、実は昔コンパクトを落として、中のプレスパウダーが粉々になったので、それを小容器に入れておいたもの。このパウダーを指先で塗るのです。

これがなくなったら、多分もうパウダーもつけません。私はどんどん「素」になっていくようです。

幸いにして、私の眉はさほど薄くないので、眉墨なるものを一回も買ったことがありません。瞼も、私は左右が一重と二重と異なるので、アイシャドーを塗ると変。さらに赤ら顔なので、頬紅など塗ったらえらいことになります。元々、私はお化粧っ気が少なかったのです。

お化粧はアートだと思いますが、このジャンルのアートからは縁遠いことで、かなり助かっているようです。

物づくりの趣味は持てない

絵が好きでも描きません。陶芸品を扱う仕事をしたときも、土捻り一つ試みたこともありません。

つぎ当てや綻び直しのリフォームなどはすぐ手を出してみるけれど、新しい布からは一枚のブラウスもつくったことはありません。家庭科の授業で編み物をまっすぐに編めなかった私は、マフラー一本も編んだことはないのです。

物をつくる趣味を持てないのは、何もないほうが好きだからです。物に我が領地を侵略されたくありません。

「紙は辛抱強い」とは、世界遺産の日記を書いたアンネ・フランクの言葉ですが、場所を取らない紙物にだけは、執心したかもしれません。わら半紙に鉛筆で描く子ども絵からはじまり、家の間取り図、印刷写真を切り貼りしたコラージュ。一時期は、いろいろな紙物を所有していました。

でも、それらもみな処分しました。往年の作文と読書メモだけは、今も辛抱強く居残っていますが。重量のない紙は、なされるがまま、限りなく謙虚だと思います。

紙といえば、写真も好きです。かつてアナログカメラで撮った写真が、押入れの隅に眠っています。写真は撮るのも、撮ったものを見るのも、今でも好きですが、もう撮りません。フィルムが高い。そういえばプリンタのインクも、私は墨色だけ装着しています。アレ高価すぎません？

第二章

ケチ道場の一日をご紹介します

私の一日の過ごし方

私は生活を簡素で清々しいものにしたいと望んでいます。無駄はできる限り省きたい。現実問題としてお金がないこともありますが、無駄を省くためのケチでもあります。普通、ケチとは物欲と紙一重の吝嗇のことでしょう？　でもそれで終わらせず、物質過多の生活を離れ、無駄を除くことで心を開放的にしておきたいのです。

「ケチ道場」とは、そうした物に対するケチを、精神にまで高めようとする場のこと。ケチ道場師範・私の一日をご紹介しましょう。

朝はお掃除から

ブラインドを巻き上げて、まだ熟していない太陽の小さな光を、林の葉隠れから探る。季節によっては、陽光が梢の上だけをうっすらと照らしている。思わずふぅーと息をつく。寝る前から準備してあるコップ一杯のお水を飲む。

洗面、着替え、化粧水と乳液だけで顔を整え、髪をとかしたら、落ちた髪を取るのを兼ねて寝室を簡単にお掃除。畳はコロコロで、板の間はモップで。拭き取りクロスはよく使いますが、掃除機は週一回しかかけません。

天気がよければ、各部屋、風を通すためあちこち開けたあと、週に一、二度は洗濯機を回し（小物は毎晩手洗いするので、大物は週一でよし。洗濯機も「スピーディー」に設定すれば水道代と電気代の節約）、朝食の用意。

パン食ですが、時々特価の雑穀シリアルや五穀クラッカーを店頭に見つけると、非常食にもなるので買っておいて、賞味期限になるとパンをそちらに一時変更します。

食後はテーブルを片付け、食器を洗います。朝は油脂が付着した食器が少ないので、洗剤は過剰に付けがちなスポンジには落とさず、指先にちょっぴりのせて洗い切ります。

午前中に外出予定のない日は、正午までパソコンの前にいます。ただしSNSやブログ、ゲームはできません。人様の書き込みなども読んだことがありません。だいたいはワード画面を開いています。落ち着きがないので、ちょこちょこ立ったり座ったりしますが、一時間おきに机を離れて、繕い物をしたり、ベッドメイキングして体勢を整えます。目を休めるために数分つぶっている間に、一日の予定を考えたりします。

この時点で洗濯機が止まっていれば、ベランダに干します。物干しは、金属棒の下にハンガー掛けの穴が連結しているタイプなので、衣類はハンガーにかけて干します。クリーニング屋をよく利用していたころの針金ハンガーがたくさんあり、これは軽いから扱いやすいのです。近年は、クリーニング屋は年に一、二度利用するだけになりました。

さてハンガーたちは普段、立てた状態でピタリ納まる厚手の紙箱に揃えて入れてあり、その紙箱の淵にはピンチをズラと止め並べてあります。コンパクトに整理しておくと、干すときに楽です。

タオルやシーツ類は、ベランダの手すりに大型ピンチで止めます。私の住まいは高齢者用住居のため、ベランダの出入口には手擦りがあります。大型ピンチは使わないとき、この手擦りに止めておきます。すぐ取り外しできますし、整然と並べておけば見栄えも悪くありません。

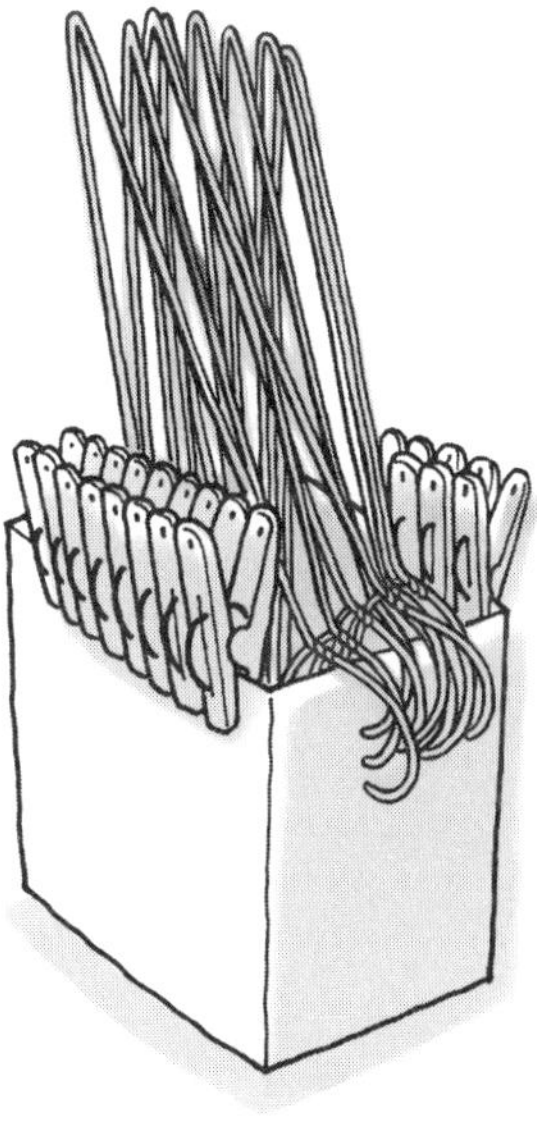

洗濯物を干すクリーニング屋の針金ハンガーは、揃えて紙箱に入れておく。紙箱の縁にはピンチを。

お茶は、湯飲みに茶葉を入れて、そのまま湯をそそぐ

さあ、机に向かう時間です。その前にお茶を淹れましょう。緑茶が身体にいいと聞きますが、良いお茶は高いですね。

なお、緑茶は身体を冷やすともいわれているので、冬場は京番茶という煙たいほど炒り焦がしたお茶を愛飲しています。相当癖がある味で、万人好みではないかもしれませんが、身体が温まるだけでなく、大袋（高さ一五センチで直径一二センチ）三〇〇円代なので、私には愛すべきお茶です。

緑茶も何とか用意してあります。お茶碗に茶葉を入れて、そこに湯を注ぎます。茶葉まで食べてしまうのです。淹れ終えた茶こしから葉を取り除くのが、私は大苦手。どうしてお茶っ葉は手にくっつくのでしょう。

「すすり茶」という飲み方もあります。蓋付きの碗に茶葉と湯を入れ、蓋を少しずら

すことで葉を避けながら喫飲する方法です。中国ではマグカップに茶葉と湯を入れ、葉が沈んだころ飲みます。列車内では、給仕係が、お湯を何度も注ぎに来てくれました（四〇年も前のことですが）。

こんな飲み方なら茶葉も捨てやすいのです。茶こしに爪を立てて掻き捨てたり、指にくっつく葉をイライラしながら振り払ったりする手間がいりません。

茶殻を醤油で煮るとか炒めるといった食べ方があるようですが、あるとき、奈良の茶粥を思い出して、お米に緑茶葉を混ぜて炊いてみました。茶粥は濾したお茶で炊きますが、茶葉の混ぜご飯があってもいいじゃないですか。

私は麦ご飯派で、ときには麦に白米や玄米を混ぜます。そのへんからして異質でしょうから、茶葉食もおすすめはしません。料理法にはいろいろあるように、家事の方法も一辺倒ではないとだけご理解ください。

着古したカーディガンのベルトを首に巻いて冷え対策

数時間机に向かっていると、頭に血が上るのか、夏以外、私は寒気に悩まされます。足腰はもちろん、背中が震えるのです。このとき便利なのが首巻です。昔のお婆ちゃんたちは、和服の襟元に何やら巻いていましたね。あれは汚れ避けかと思っていましたが、自分が歳を取り、寒さ凌ぎでもあったのかと納得しました。

家の中で首に巻くのは、マフラーのように大きくないほうがよいのです。細めで、首二周回して結べる長さです。

素材はお好み次第ですが、私にとって最良なのは、着古したロングカーディガンのベルトです。ディスカウント物だったかリサイクル品だったか、毎日のように着ていたため、肘の部分がガーゼ状に擦れてしまったので、本体は廃棄しましたが、ベルトは机の近くに置いておき、何冬も、何度も洗っては毎日のように首に巻きます。体が温まればすぐ外せて、小さいので置き場もとらず、本当に重宝しています（外出時にはもう少し体裁のよい細布を常に携行しています）。

昼ご飯は、前日に準備しておく

さあそろそろ机から離れましょう。お昼ご飯をつくります。

準備してあるので、半時間もかかりません。本当は準備などという大げさなものではなく、だいたい前日の昼食時に、「明日は何を食べたい？」と考えておくので、心づもりができているという程度のことです。

食時中に翌日のメニューを考えるのは、そのお昼にたとえ不服があっても、明日に託せるからでもあります。また、食後には買い物に出るので、この時点で翌日の昼食メニューも確定させてしまえば合理的です。

ちなみに、私は昼食が正餐で、キッチンで風景を眺めながら悠々と食事します。夕飯は軽くしか食べません。

さて昼食もすみました。お昼の食器洗いは、朝より手間取ります。夕食後の片づけをほとんどしなくていいようにしているため、昼食後にシンクまで掃除してしまうのです。終わるとかなりほっとして、しばしくつろぎます。このとき読書をすることが多いです。

昼食後、買い物を兼ねた散歩へ

昼食を終えると、買物を兼ねた散歩に出ます。ときには三、四時間さまよい歩くことも。途中で休憩をとるのも楽しみです。

非常食以外は家におやつを置かない私は、週に一度くらい、菓子パンなどを外で食べます。格別美味しいベーカリーが近所にあるのです。公園に面したロケーション抜群の、レストランを兼ねた手作りパン屋です。普通の菓子パンとはまったく違います。ベリーとナッツをふんだんに練り込んだ、しかも歯応えある生地のパンが好きです。こういうところで挽きたてのコーヒーを、たまーに飲みます。

老人の多いこの町は、人口約一五万人のうち、六五歳以上が四万一〇〇〇人。ついでにいえば五〇〇〇人が要介護で、一万人が要支援です。そして住人の減少および高齢者の増加率は東京一、いえ日本一、なんと世界一だそうです。

おかげで高級ベーカリーでなくても、休憩するのに好都合なスポットがあちこちに設置されていますから、それを活用しない手はありません。樹下の雰囲気のあるベンチや、座るのに具合よい自然石、デザインされたコンクリートスツールなどのほか、各大型店舗に設けられている飲食自由なフリースペース、団地ごとに設けられたコミュニケーションセンターのラウンジなど、人口が少ない分、混んでいるということもなく長閑です。

駅周辺以外は人通りも少なく、児童の減少で廃校が目立つこの町を、人はゴーストタウンとも言います。しかしここに来た友人の一人は、「軽井沢に別荘を持つより、ここにマンションを買えばいいのよね」と言い、別の一人は「こんなモダンタウンだったとは、イメージが変わりました」と言い、もう一人は「まさに東京の穴場じゃない！」と言いました。

団地内には、草の根運動NPOなどが運営する、地元産の有機野菜を使った気の利いた小食堂もありますし、駅近くまで行けば多くのカフェ、レストランなどが軒を連ねています。散歩帰り、どこかで軽く食事すれば、夕飯になってしまいます。

リビングのスツールをテーブル代わりにして夕食を

家で夕飯を食べるときの場所は、昼食用のキッチンではなく、リビングルームです。籐の安楽椅子に座り、籐の直径三〇センチほどの小テーブル（実は元スツール）で食べています。昼食と気分を別にするよう心がけるでもなく、自然とそうなりました。小皿に惣菜を乗せて、一品ずつリビングに運び、お店にでも来ているような遊び感覚で食べるというスタイル。調理人とお客の、一人二役というわけです。

こういうときの小皿はカワイイ豆皿。クワイやラディッシュやミョウガが、中央にぽつんと描かれた磁器皿。一〇枚ほどある母の遺品ですが、野菜絵を見ているだけで食べてる気分。それに料理は、大きなお皿に盛ると食べ過ぎますし、置くところが小卓なので、そんな都合上の豆皿です。

惣菜はお昼の残り物だったり、温めた冷凍カボチャだったり、チンしただけの丸ごとジャガ芋だったり、糠漬けだったり、一枚だけ買ってきたアジフライのこともあれば、カツオの刺身にニンニクを添えたりもあり。あとはお酒。

圧倒的に登場回数が多いのは納豆です。昨日も納豆、今日も納豆。パックごとかき混ぜたら、辛子と、刻みノリか、冷凍してある刻み長ネギを入れて、お醤油はほんの少しだけ。今日はシラスを混ぜたので、醤油なしで食べました。塩昆布でも美味しい。

お豆腐も定番です。ちょっとお高い半丁を買ったときは、何もかけずそのものの味をゆっくり吟味します。並（値段）の場合、かけるのはゴマ油と酢です。辛子豆腐も好きです。江戸時代に庶民が盛んに食したという「豆腐切り」は、水5：酒4：醤油3で、豆腐一丁をさっと煮るだけの簡単料理。これを冬にはいただきます。

夕方の四時、五時というかなり早い時間から、今日も夕飯体制に入りました。分量としてはだいたいお昼よりは少量で、電子レンジは使っても、火を使う料理はほとんどしません。

そうなった理由の一つは、昼食のあと、食器を洗って流しの周りを掃除し、ディスポーザーまで綺麗にしてしまうと、夜はもう汚したくないから。昼のうちに料理したものを「これは夜食べる分」として取り置けば、鍋窯を使う料理をしないですみ、洗う手間も省けます。

それでも、今夜は「あ、お蕎麦食べたい」というときは、お鍋を出して茹でます。つけ汁は、残った納豆（ちょっとだけタレ入り）を、蕎麦湯で伸ばしてお汁に。蕎麦湯だ〜い好き。

私は蕎麦屋さんに入ると、「せいろと蕎麦湯ね」と注文します。え、先に蕎麦湯？という顔をされますが、こっくり頷く。待っている間に出されたお茶は飲んでしまい、運ばれてきた蕎麦湯を空の湯飲みに注いで、蕎麦つゆも混ぜずに飲むのです。蕎麦より、タダなのに栄養価が高い蕎麦湯が重要。これもケチ道一筋でしょうか。

ところで、蕎麦屋でも喫茶店でも長居ができない私は、自宅での夕食時も座り込んでいることが苦痛で、小卓のお皿を次々入れ替えるためにも、頻繁に立ったり座ったりです。そうしないと食べることに無中になってしまい、過食してしまうからでもあります。おしゃべり相手がない代わりの、歩き回り食。一人暮らしならではです。

また、長く食べ続けないために、途中で区切りのよいときに食器を洗ったりして間を置き、もう食べたくないという気持ちにさせるか、歯を磨いてしまうのです。一度磨いてしまえば、もう一度歯を磨く気にはなりません。

夕食後はリラックスタイム

夕飯をすませ、歯も磨いた私は、ラジオをつけます。聴くのはニュースショーの類です。長く荒川強啓アナウンサーの番組を聴いてきました。とくに社会学者・宮台真司氏の話に耳を傾けてきたのに、終了したので、別の局の「ニュースパレード」を聴くようになりました。NHKはテレビで視聴するので、ラジオは民報を聴きます。受信音が鮮明な局に偏りがちですが、土曜日は大沢悠理アナウンサーのトークショー、次に古典講座（これはＮＨＫ第二です）。次に司馬遼太郎の歴史短編小説。日曜日はＦＭ放送で「音楽の泉」を聴いています。

寝るときもラジオをかけています。夜一〇時からは荻上チキ氏（評論家）の「セッション22」を月曜日から金曜日まで。土曜日は「ブックバー」（本にまつわるエトセトラ）が放送時間移動か終了かで聴けなくなったので「なにも無い日」。日曜日は井上芳雄さん（ミュージカル俳優）の音楽トークと吉永小百合さんのトーク。この女優さんの声と語り口は、深夜にもってこいで子守唄です。

夕方四時、五時台のラジオへ話を戻しますと、ラジオをオカズに軽い飲食で七時まで過ごし、その後テレビを観ます。私のテレビは一九インチと小型ですが、デジタル放送以前に持っていた型はもっとずっと小さいものでした。テレビという異物（つけてないときは、そうとしか思えない）が、部屋でドカンと存在感を放っているのはどうも気に入らないのです。けれど、ないと困る。ラジオ同様、私の主な娯楽兼情報源ですし、観たい番組がなくても、生活にメリハリをつけるため、二時間の気晴らし

TVタイムとします。

好みの番組は、美術のほか芸術一般、歴史解読物、動物の生態や、自然を映した番組、旅番組と医療に関するもの。観ないのがドラマ（じれったい）とバラエティー（やかましい）番組。

そういえば私、映画も観に行きません。かつてはヴィスコンティの作品は全部観るなど熱心でしたが、現在観るとすれば、封切から数年後に地元まで流れてきて、一〇〇〇円前後で観られる文芸作品など、名作物に限ります。どうもエンターテインメントには馴染めないようです。超話題作のアニメも観ていません。

さて観たいテレビ番組がないときは、手あたり次第チャンネルを変えて、どんな番組が人気なのかを探ってみたり、テレビをつけたまま画集を見ていたり、日々の備忘録を手帳につけたり、明日の予定、料理の手順など考え、その順序を箇条書きしておきます。冷凍物の解凍も、忘れっぽいので夜のうち冷蔵庫へ移しておきます。

さて九時になったら、それ以降見たい番組があってもテレビは消します。部屋を片付けて、入浴し、就寝までの約一時間、次々とすべきことをし終えてしまわなければ、本気で休むことができない性分です。だから早く横になりたい、早く落ち着きたい一心で、一日をかなり急いで過ごしているようです。

寝付くのが遅く、眠りが浅いせいもあって、睡眠時間は八時間くらいと長い。時々午前二時ころにＮＨＫラジオの「深夜便」を一時間ほど聴いたりして……。夜が明けるとまた目が覚めてしまいますが、体力温存のため、朝は七時過ぎまで休んでいます。

第三章

私の住まいをご案内します

緑の多い郊外の団地に終《つい》の棲み家を見つける

二〇年ほど前、築五〇年の実家を解体処分するため、家財を片付けることになりました。大きな家具類は、家屋解体時に一緒につぶしてもらえることになりましたが、半世紀の間、溜まりに溜まった七人家族の品々は、相当膨大でした。お金を払って廃棄しなければならない家具も多々ありました。「これで限界」と思うまでお金を払い、東京郊外の三ＬＤＫ団地に住むことになった私は、その器に許されるだけの遺品も携えて行くことになりました。

今私が座っている机も椅子も、衣裳ダンスや整理ダンスや戸棚、脚が取り外せない大きめのテーブル、冷蔵庫や洗濯機や電子レンジなど電化製品も。食器や台所用品までも。物干しや買い物カートも母のものでした。

その後、現在の住まいにさらに転居したわけですが、家具はほとんどそのまま持ってきました。

管理が行き届いた高齢者住宅

現在住んでいる団地は二つの駅の中間にあり、どちらの駅からもバスで七停留所も奥まっていて地の利が悪く、辺鄙なところだけに、静閑にしてそこかしこ自然にあふれています。

そんな我が家は高齢者向けの賃貸住宅です。老人には悩みの種である保証人制度がなく、礼金、敷金、更新料も不要です。賃貸料は収入によっては格安で、低階でバリアフリー。家内三か所に設置された救急ベル付き電話で、いつでも医療機関の関連事

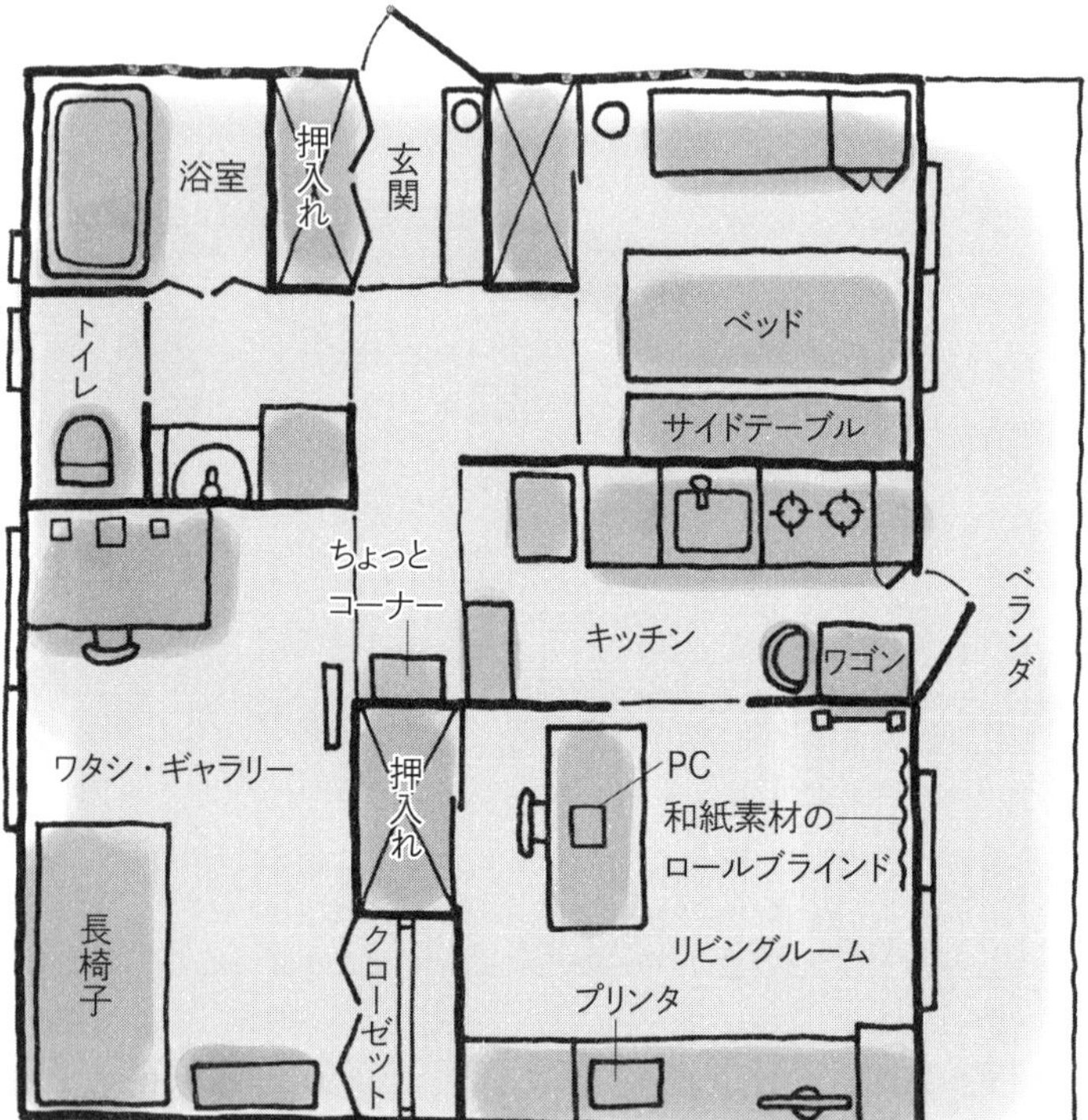

現在の住まいは、郊外の高齢者用団地です。三DKの広さがあり、私は家財が少ないこともあって、とてもフルには使いこなせない大きさです。

務所に直結するという装備付きです。

当地は、立樹が多い土地柄を踏まえた市の管理が行き届いていて、頻繁に草木の手入れがなされ、清掃が徹底しています。さらに団地ごとに、枝の剪定や、降りしきって積もり積もる大量の落ち葉掃きも……。

清掃係員が、石畳の間の草や、垣根の根元に絡む病葉や蜘蛛の巣を手で取り、袋に入れているのを見ると頭の下がる思いがします。

私の住まいをお見せしましょう どうぞ、おあがりください

我が家の玄関は団地サイズの小スペースです。片壁には床から天井までの、つくりつけ戸棚があり、靴入れというより押入れですが、あまり履かない靴をここに収納しています。

その反対側には籐製の傘入れを置いています。濡れた傘は入れないことにしているので、高さのあるゴミ籠を転用しています。竹や蔓性の素材が好きですが、傘立てとして買うと高いですね。金属や陶磁の傘立ても見栄えがして高級感がありますが、実

際高価ですし、安定感があるだけに重い。重い家具は重荷です。

扉寄りの傘立ての位置から上がり壇までの間に、一枚の板を、ブロックを利用して床から二〇センチ持ち上げた状態で渡しました。かつて本棚の一部だった黒塗りの厚ベニヤで、幅三〇、長さ八〇センチです。他の部屋の住人はここに靴箱を置かれているようですが、私は靴数も少ないので、普段履きの靴を板の下に並べています。

よく歩き回るので、長歩きに適した紐付きのスニーカー型短靴が二足。一足は外反母趾の部分が飛び出し、型崩れした一五歳の黒。もう一足は同じ型で、ツートンカラーのちょっとおしゃれタイプ三歳。靴入れ板の下には、出がけに靴をサササッと拭くための布切れを入れた籠と、つっかけも入っています。

気に入った靴を大切に履き続ける

さて、戸棚の中にしまってあるのはレインブーツと革ブーツ。紙箱に入っているのは、捨てられずに時々履くイギリス製の紐靴。腰を傷めない軽めの仕様で、先が細く

玄関の傘入れは、籐製のゴミ籠の転用です。マットはないほうが広く見えるので敷きません。我が家には一枚もマットはありません。

エレガントですが、その分、指が痛い。スニーカーでは洋服に合わないとき、これを箱から出してきます。年齢二〇歳。靴はできるだけ丁寧に扱って、長く履きます。丁寧というのは、第一にこまめな靴磨きです。それから天日干しします。踵の修理や、インソールの取り換えも効果があります。

一張羅は、踵三センチのパンプス。緩みを調整できる飾りベルトがついていて、とても履きやすい。三万円ほどで私には高価だったこともあり、これを履きつぶしてしまうとお出かけ時に履く靴がないため、滅多に履きません。それでもパンプスの美しさは、どんなブランド品のレアなスニーカーにも勝ると思っています。

あとは夏用のサンダル。上等品。旅行に行くとき、絶対に疲れないサンダルをと探し求めました。以上が私の全シューズです。

立派な靴箱を置いて、その上に花瓶などを飾ればいかにも玄関らしくなりますが、狭くなります。それより私は、自由感のある低い台で十分。

来客のほとんどない我が家に客用スリッパは一組だけなので、スリッパ立ても不要です。出入口はできるだけ広いに越したことありません。マットも敷いていません。

それでは部屋のほうへお進みください

玄関の隣りには、畳敷きの四畳半があり、次にキッチンと六畳の板の間が続きます。キッチンの縦半分は流しやガス台が占めるので、残りのスペースはごく狭く、細長くなっています。

キッチン隣りのリビングルームには大きめの机を置いたので、くつろぎスペースがほとんどなくなってしまいました。籐椅子が置いてありますが、食事用のテーブルも来客用のテーブルもありません。

他にもう一部屋、廊下で隔てられた北側に六畳の板の間がありますが、寒がりの私は、真夏以外この部屋で過ごすことがありません。

その部屋にも大きいテーブルが置いてあります。かつて大家族だったときの遺物です。実家を出たあとの最初の引っ越し先には広いワンルームがあって、そこで使えると思い、捨てずに持ってきました。食事もできますし、小型テレビ（A4サイズのワンセグです）を置くこともできましたが、今では無用の長物になってしまいました。捨てそびれたのは、転居当時、私はエアコンを持っていなかったので、真夏はこの北側の部屋のテーブルの前で過ごすしかなかったからです。

この北の部屋ならお客様もお招きできますが、南面に比べるとロケーションが悪く、窓の外は団地の別棟しか見えません。お客様は景色を見にこられるのでなくても、景色くらいしかご馳走できない主としては、恐縮するのみです。

我が家の特等席
絶景食堂は
緑したたる

どこで食事をするかといえば、狭いキッチンです。ところがこの場こそが、絶景食堂なのです。

狭いキッチンには、ベランダに出るガラス扉があります。上半分が透明ガラスで、七〇センチ角です。

その扉の傍らに、天板が二つ折りのキャスター付きワゴンテーブルを置きました。四〇年の歴史を持つ私の数少ない家財です。度重なる転居で天板のボルト一本が失われ、物入れになる胴部分の、両側から開けられる扉の一枚もありません（これは狭い場所でも、物を取り出しやすいように片面は外したため）。足元近くの板はちょっと剥がれて、クレヨンが塗ってあるという怪我だらけのご老体です。

何度か買い替えたいとは思いましたが、近年、天板が折りたためるワゴンが売られなくなりました。転居のたびの解体と組み立てと移動で傷つけられながらも、労役に耐えたこの食卓を、私はいまだに愛用しています。

昼食にワゴンを広げて絶景を独り占め

天板は広げると七〇センチ。つまり、極小キッチンスペースの幅およびガラス戸の幅にぴったり一致するのです。通常は天板を折り畳んでいるので、ガラス扉からベランダに出入りできますが、食事時、その扉に向かってこのワゴンテーブルを広げ、椅子に座るとどうでしょう！　目に入るのはガラス戸越しに広がる緑の外界。ベランダ

窓外の絶景を眺めながらのおひとりランチは、至福の時間。

の向こうは、まるで森林のような雑木林の堤なのです。緑の立体カーテン、光や風によっては緑のオーロラです。

堤の上には、天を突く大楠の木塊が中央に構え、桜の季節は花吹雪がガラス戸まで舞い飛んできます。積雪は世界を白銀に替え、深閑とした森林を思わせます。

こんな小さな「大食堂」も世には少ないでしょう。風景を食べるために、お昼が私の正餐になったのかもしれません。

デッドスペースを活かした「ちょっとコーナー」

玄関から続く短い廊下の突き当りには、八〇センチ四方ほどのデッドスペースがあります。そこに植木鉢を載せる花台を二つ並べ、玄関と同じ黒い板を渡して棚にしました。釘などは使っていません。

花台は比較的近年になって買った例外的贅沢品です。金属製で高さが五〇センチほど。植物を育てられず、一つの植木鉢も所有しない私なのに、細身の胴に施されたアラベスク文様風の透かし彫りが大いに気に入り、見た目よりずっと安価だったこともあって、購入した逸品です。

花台の上に渡した黒い板には、ややお金持ちだった三〇歳のころ手に入れた柳原睦夫作の陶芸品を飾っています。一点は、本来は壁かけなのを板の上に置いて、インド刺繍のサッシュベルトで巻いてみました。もう一つは母の遺品の花卉です。

和の花挿しに針金でモダンな花を咲かせる

壁には、「蹲《つくば》る」という背を丸めたような姿の、釣り下げ型の花挿しをかけました。これはいただきものです。ところがこの備前焼の花挿し、無釉《むゆう》（ガラス質の釉薬なし）の焼き締めなので、極めて土っぽく、いわば和風の極致なのです。それがイスラム文様風の花台や、他の現代陶芸作品と合わない。どんな花を挿しても、茶室の「床の間」風情になってしまうのです。

それでもこの花挿しに何か生けて現代アートにしてみたい。たとえばガラスのマド

ちょっとしたデッドスペースを利用して、ギャラリー風のコーナーに。

ラー数本とか、金属製の髪止めとか……。

そして大工道具の中に、ほとんど使うことなくとぐろを巻いている、やや太めの針金を見つけました。手に取ってみると、バラバラとほぐれ、均一的な螺旋状に伸びました。それが美しい。そこで「蹲る」に挿してみたのです。

螺旋は三〇センチほど弧を重ねて垂れさがり、そこに銀色のドットシールを貼り散らしてみるとケッサクでした。やがて螺旋は間延びしていくでしょう。次の「花」を探すのも、また楽しみです。

北向きの部屋を利用したワタシ・ギャラリー

真夏以外は使わない北向きの六畳洋間には、背の低い三つの家具が置いてあるだけで、壁面が多いので広々と見える部屋です。そこでワタシ・ギャラリーにして、気に入ったものを置いてあります。照明傘は竹製で、もとは複雑な二重構造でしたが、この部屋に合うようシンプルなフレームのみに改造しました。照明の点灯紐に、ヒンメリというフィンランド民芸のモービルが結んであります。本来は麦わらでつくるそうですが、これは篠竹でつくったごく軽い飾り物です。

【壁面の飾り 1】

彫金細工と淡水パールもどきのゆがみのある白い球が交互につながる中近東調ブレスレット。幅が五センチあって、腕の短い私にはほとんど着けこなせませんが、見ているだけでワクワクする装飾品なので、壁に飾りました。

【壁面の飾り 2】

ポシェット型の金属装飾。中国からの到来品ですが、子ども用なのか、バッグにしては小さすぎ、ペンダントにしては大き過ぎます。孔雀柄の澄んだ青が美しく、これも壁飾りにしました。

【壁面の飾り 3】

テーブルの前壁には、画家戸嶋靖昌の「三つの塔」の大型ポスター。この絵はほぼモノトーンで、余白の幅広い枠の効果か、白い壁に貼ると、まるで窓から実際のグラナダの風景を望むような趣きです。

【壁面の飾り 4】

壁にあまり穴を空けてはいけないと思い、転居以来、長椅子風の疑似ベッドの端の壁に立てかけてあるのが、母が集めていた色紙数枚、横尾忠則の版画、インド展の広告ポスター。

【テーブルの上】

会津塗色粉蒔絵《あいずぬりいろふんまきえ》の五ツ引きの小ダンス（親戚からの香典返しで、アクセサリー類を入れています）と、祖父の代から伝わる紫檀の台を置き、その上にインドの仏頭（兄のおみやげ）、八木一夫の陶板、インドネシアの漆細工小箱を。

【チェストの上】

このチェスト、実は箪笥の引き出し部分です。上部を廃棄し、残った部分に、インドの民芸品のマガジンラックを分解した板を載せました。中近東の真鍮水差し（これも兄のおみやげ）、出店で買ったガラスの器、トルコの装飾小箱（友人のおみやげ）を。

【長椅子の上】

座布団を三枚並べ、その上に緑のろうけつ染めの布をかけました。窓枠の上に載せた、同じ緑色のスペインの扇子とマッチしています。

座布団とろうけつ染めの布の間には、実は隠し布がかけてあります。金糸刺繍がしてあるインド製のロングスカートを解いた二メートルほどの布で、それを汗で汚したり日焼けさせたくないために、ろうけつ染めの布を二重がけしているのです。

この布は、一六年前の『ケチじょうず』で、スカートとしてご紹介しました。アート品のように愛でてきた一着ですが、日本刺繍のように精緻な技法とは違い、正直なところとてもおおざっぱです。粗末に着用すると、刺繍糸が何かに引っかかったり、クリーニングによってほどけたりしてしまう。ですから、あまり着ることができませんでした。

それでも、サリーを着たインドの主婦が、庭先でこしらえたような野趣があり、それでいてスパンコールとミラー刺繍まで付いていて、どこかタージ・マハルに通じるようなゴージャスさを感じる、魅力的な布地なのです。

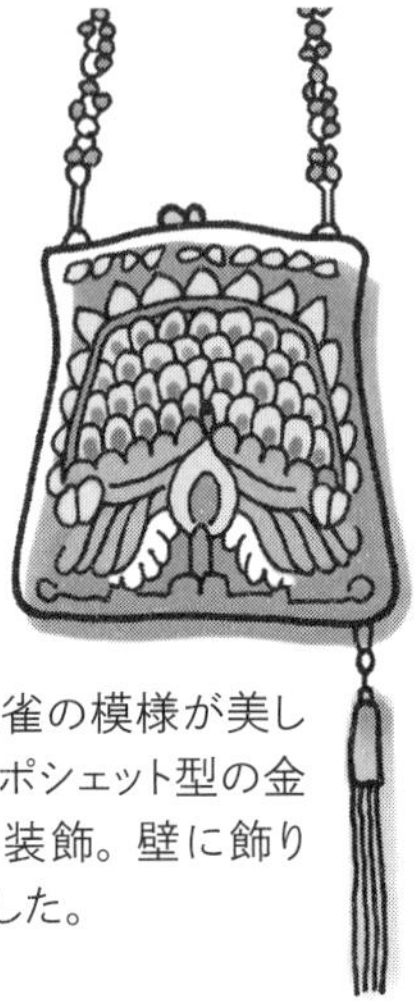

孔雀の模様が美しいポシェット型の金属装飾。壁に飾りました。

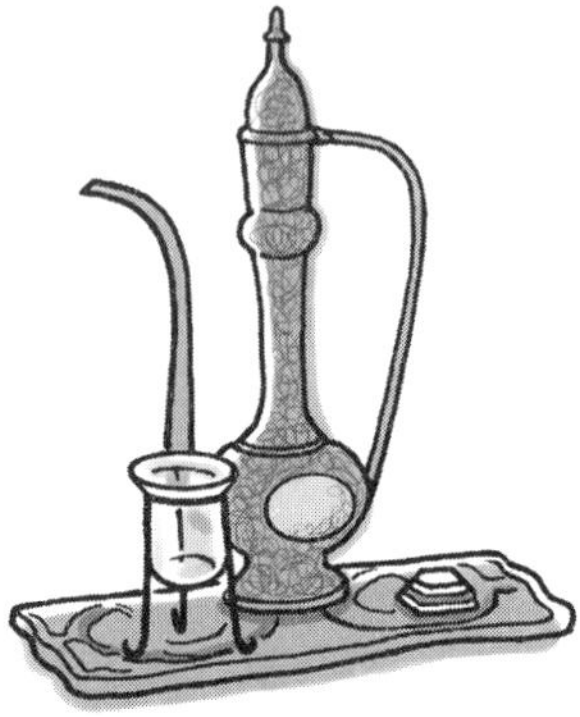

チェストの上に飾ってあるのは、ガラスの器、中近東の真鍮の水差し、トルコの装飾小箱。

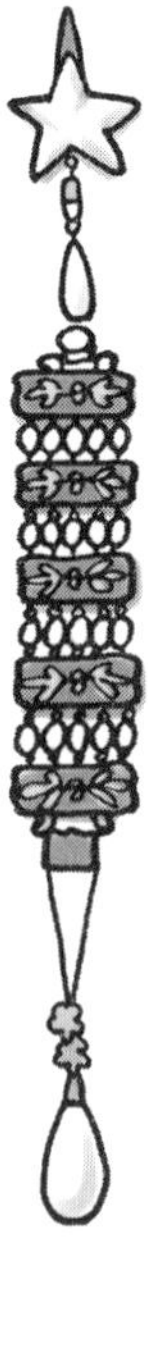

彫金細工と淡水パールをあしらった、中近東風ブレスレット。

部屋にむき出しで置くと違和感のある脚立ですが、その上に木製のトレイを置き、空き瓶や香炉、お線香立て、手製の照明用筒を並べて飾りに。

ワタシ・ギャラリーの長椅子を、どのように装わせるか考えていたとき、ふとこのスカートを思い出しました。しかもスカートを一枚にほどいた長さが、椅子の長さと同じになるとわかったのです。それでこのスカートは、最初からここに納まると決まっていたのだと思ったほどでした。

この部屋の窓にだけはレースのカーテンがかけてあるのは、外が別棟と向かい合っているからです。

【脚立】

このギャラリーに不似合いなのは、金物の脚立でしょう。背の低い私はたびたび利用するのですが、すぐに出せる適当な収納場所がないため、むき出しのままアンチアートとしてわざと目立つところに置き、いちばん上に木製のトレイを載せました。

トレイの上には奇妙な雑貨をいくつか並べてあります。オーデコロンの空瓶、ガラスの小鉢を利用した香炉やお線香立て、ぐい飲みの中には花のコサージュ、イスラム幾何学文様をトレースした手製の照明用筒。

この照明筒は、厚めのトレーシングペーパーに自分で図柄を描いて巻いたもの。イスラム模様の、複雑怪奇な図像の成り立ちを解明しようとして写した紙を、さて何に使おうかと考えた末、決まらないので、とりあえずくるりと巻いて輪ゴムで止めたのです。そのとき、「あら、これ筒状にして立てると素敵じゃない」と思い、輪ゴムをホチキス止めに替えて飾ってみました。それから思いついて、筒の中に、クリスマスプレゼントにいただいた小さな照明具を入れてみました。

ゆらりと現れたのは、ステンドグラスのようなライティング効果。思いもよらないハンドメイド・ランプシェードとなりました。

私のお気に入り　不思議な高床ベッド

家財のほとんどは譲り受けたものですが、自分であつらえた奇妙な大物家具もあります。長さ一メートル六〇、幅九〇、高さ三五センチの木箱で、蓋はスノコ。我が家には、それが三台も。「いったい何？」と思われるでしょう？「ワタシ・ギャラリー」で、座布団を並べた「長椅子」が登場しましたが、あれがその一部です。

ここにくる前に住んでいた分譲団地は、入居するときに、壁紙や襖、玄関床、畳の張り替えに給湯設備の取り換えなど、あちこち内装をやり替えなければなりませんでした。そのとき、この高床もついでに発注したのです。

その分譲団地の部屋には、一二畳のフローリングのリビングがあり（二LDKをワンルームに改造したもの）、そこには三畳分の畳敷きが、島のようにありました。前の住人は、その畳島に炬燵《こたつ》でも置いたのでしょう。でも、私には不要の島でした。畳を廃棄すると、畳の厚さだけ床が下がっているので、そのままでは窪地になってしまいます。そこで島ならず岩山をこしらえるごとく、木製の台を置くことにしました。座ったり寝転んだりできるフリースペースにして、中は物入れにするつもりでした。三畳分なので、木製だと力学的に成型を保てないため、三分割しました。これを三台敷き並べると、「上がり床式」の高床になるはずです。そんなものはつくったこともない大工さん、きっと頭には「?・」がたくさん浮かんだことでしょう。

はたしてできあがったのは、台ではなく箱でした。蓋をスノコにしたのは、中を開けやすくするためと、通気性をよくするためです。引っ越してきた日、予想以上に頑丈で立派な木の台に惚れ惚れしたものです。

しかし、家具を置く段になって、びっくり仰天。高さがありすぎて、その傍らに置く戸棚の開き戸が開けられないのです。

三台のうちの一台だけでもすぐ別なところに移さなければ、家具も運び込めない有様でした。どこかに移そうとして箱を起こしてみると、側面が美しい。すぐに、これは書架になると思いました。

一台を書斎に移動したあと、欠落した一台分の窪地五センチには、スノコの蓋がぴたりと収まりました。

現在の住まいでも活躍

長さ一六〇センチある三つの高床式木箱は、現在の住まいではどう活かされたでしょうか。一台はベッドになりました。私の身長は一五三センチ。ヘッドの板はありませんが問題ありません。

もう一台は立てて、ベッドサイドテーブルにしました。ベッドと同じ長さで、幅

ベッドと、その隣りのベッドサイドテーブルは、高床式木箱の転用です。

三五センチをコンソールのように壁際に置き、上にはスタンドや、鏡、置き時計などを置いていています。寝るときはコップや水のボトル、携帯電話もここに置きます。

その下の棚、つまり、本来なら箱の中には、小引き出し、小型扇風機、非常時持ち出し用のリュックと、イザというときの靴。入院セットも入っています。

蓋だったスノコは、押入れの布団の下に空気抜きとして敷いてあります。そして三台目の高床が、北のワタシ・ギャラリーにあるのです。ソファのように用いたり、ゴロリと横になったりします。一台は長年ベッドにしているくらいですから、がっしりしていて寝心地もよく、疲れたときにこの上で目を瞑っているだけで最高。

夏には絶好の涼み場所ですが、何より夢心地にさせてくれるのは、カバーの下に、あの緑のインド刺繍布が敷いてあることでしょう。象がいて、鳥が飛び、花が咲いて、生命の木の下にマハラジャも刺繍されている、かつてのスカートです。

レースのカーテン代わりに手づくりのモビールを

前にもお話ししましたが、私の住まいのあるあたりは静閑にして、そこかしこに自然があふれています。私の家のベランダは、雑木の堤が車両の多い幹道を遮り、深い森林を思わせる巨樹が街路を隠して、鳥の啼き声以外は聴こえてこないのです。実に深閑とした風景で、陽が落ちたあとなど、鬱蒼と暮れゆく森を思わせます。日々の風力によって、樹林の揺らぎはその森の風貌を変え、夜半の強風は森も心も騒がせます。

室内奥のやや遠距離から外を見ると、もっとも枝葉の繁茂する部分がガラス全面を占めるので、その枝葉が風によって手招きするように上下すると、まるで緑の津波をガラスに受けるようです。居ながらにして、四季の豊かな風景を一人占めできます。

和風のロールブラインドの奥にメモ帳でつくったモビールを

その南側の部屋のガラス戸に、和紙風素材のロールブラインドを下げています。室内インテリアにはシェードなどに和を取り入れています。ブラインドは、思いがけずお安いものを見つけて以来、何度か買い替えながら、どの住まいでも愛用してきました。

日中、巻き上げてしまうと、網戸の入っていない透明ガラスから、二階という高さも関係して、室内が丸見えになります。外が人気少ない林であっても気になります。そこで、レースのカーテンを買う代わりに、紙のれん＝平面体のモビールをつくって下げてみようと思いつきました。

メモ帳にはさみを入れた切り紙をつなぎ、モビールに。

正方形のメモ帳を五〇枚、四半分（あるいはそれ以上）に折って、それぞれ異なる部分にはさみを入れ、レース模様のような切り紙モチーフをつくり、ハンガーを組み合わせた細い棒に、一〇列ほどピアノ線で吊るしたのです。これで透明なガラスがやや隠れるようになりました。

室内からすると、レースよりは外がよく見え、なかなかよいモビール飾りです。平面なので、夜はその上からブラインドを重ねおろすことができます。

南面のガラス戸には、和紙風素材のロールブラインド。
左側に、モビール（右ページ）の影が映っています。

キッチンのガラス扉には大判の布をカーテン代わりに

キッチンのガラス扉は開け閉めが多いため、虫が入ってこないように、レースのカーテンもかけて、昼間はドアを開けたときだけ引くようにしています。夜、明かりを点けたとき、外から見えにくいようにするにはレースでないほうがよいのですが、炊事場が暗くなるので、布カーテンは付けずにいます。白くて薄い布なら、光をそう遮らないと思いますが、それがないので……。その代わりに、夜はカーテンバー（レールとも言えない竹の棒）に、輪を付けた一枚の布をかけることにしました。

キッチンのガラス窓には、洋風の風呂敷をカーテン代わりに下げています。

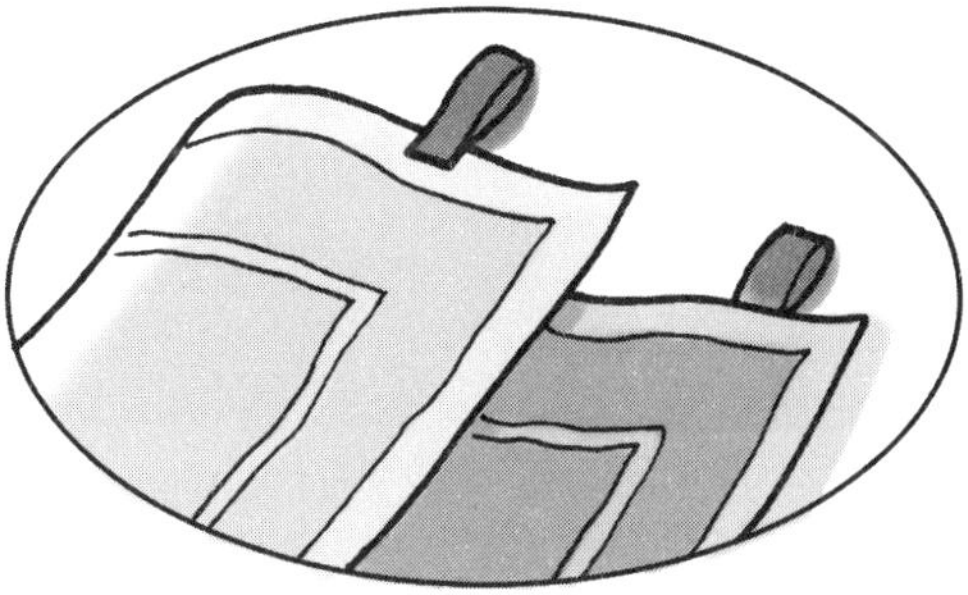

竹の棒を通すために、布の輪っかを縫い付けました。

その布というのは大風呂敷です。風呂敷きというと、和風の柄を思い浮かべるでしょう？　ところがこれは思い切り洋風。民族衣裳のチュチュを着たバレリーナが二人立っている、とてもカラフルなイラストがプリントされています。毎晩、これを取り付ける一瞬、バレエの舞台を見る気分になれます。

風呂敷きは、さまざまに活用してきました。思い切り和風の大風呂敷きは、夏の間はお休みいただいている、時代物のどでかいガスファンヒーターにかけています。

愛してやまない竹製品あれこれ

私は籐製品が好きですが、竹細工も好きです。竹は生えているときの姿がいいのです。すっと伸びた姿勢のよさに、性格まで感じさせられます。「竹を割ったような性格」は言い古された誉め言葉ですが、割らなくてもいい。そのままで凛としています。幹に、ほぼ等間隔の節目があるのが、リズム感あって音楽家的です。さすが、美味なるタケノコを産み、かぐや姫まで産むだけのことはある。

しかも、枝葉の濃《こま》やかさったら、震えるほど繊細だと思います。細かくさやめき、大きくしなってみせる、竹は舞踏家です。

かつて東京の一等地に、狭い敷地ながら、小さな中庭に竹だけを植えたお住まいを訪ねたことがあり、いたく感動しました。その住宅は三階建てで、三階までまっすぐに竹が伸びているのです。中庭を取り囲む建物のどの部屋からも、数十本の竹群が臨めます。まさに、この住人の身体を包むがごとき、竹の住まいでした。

さて、その竹を、我が家ではどこに使っているかといえば、

①季節の変わりめなど、一日に何度も着たり脱いだりするカーディガンや、いちいち仕舞わないで使う普段用のベルト、洗ったあとまとめて引き出しに入れる前に、ちょっと一枚置いておくハンカチなどをかけるのが竹です。高さ五〇センチほどの、折り畳み式の低い小物掛けです。

これ、実は一〇〇均のゴミ袋（レジ袋）掛けなのです。最近はあまり見かけなくなりましたが、一時流行りました。だいたいは金物にビニールを貼ったような素材ですが、十数年前に竹製を見つけて、思わず二個買ってしまいました。和室に置いても無

難でしょう？

②そのとき買った一個は不良品だったのかすぐに壊れてしまいました。ばらけた竹の棒をどうしようかとか迷った末、「そうだ！」と思いつき、解体しました。安物ですから構造も単純で、六〇センチほどの竹棒が四本、その半分ほどの棒が四本取れました。これらは紐でつなげてあったため、棒の左右に細い穴が空いていました。そこで、この穴にもう一度紐を通して、ブランコのようにしました。

それを、窓辺や押入れの前などにぶら下げ、それぞれタオル掛け、布巾掛け、軽めの服掛けにしたのです。

ほかにも竹細工があります。

④化粧品入れ竹籠
直径三〇センチ、高さ一五センチ。化粧瓶を入れて寝室に置いてあります。

⑤薬やリップクリーム入れ、竹の蒸し器

昔、野菜を蒸そうと、直径一二センチ、高さは蓋と身を合わせて七センチほどの小型蒸し器を買いました。でも、私にはうまく使いこなせなかったので、ベッドサイドに置いて、小物入れにしました。

⑥布巾入れ

直径および高さ、各二〇センチほどの籠です。台所の流しの上の、ステンレスの棚に置いて、洗った布巾を数枚、常時入れてあります。蓋にはザルを載せているだけ。すぐ取り出せるようにです。

⑦蓋いろいろ入れ

布巾入れと同じ大きさの目籠《めかい》＝地元の特産品です。手ほどきを受けて篠竹で編みました。

蓋を何枚も竹の籠にまとめ入れ、すぐ手の届く流しの上に、布巾入れと並べて置い

キチンの棚に収納してある、目籠（左）と布巾入れ（右）。

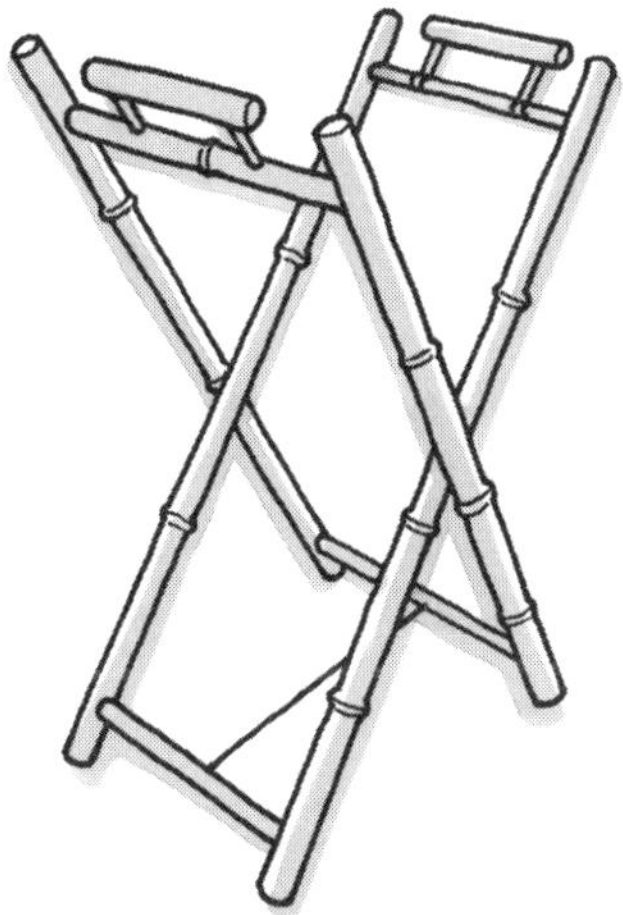

100均で見つけた、
竹製のゴミ袋（レジ袋）掛け。

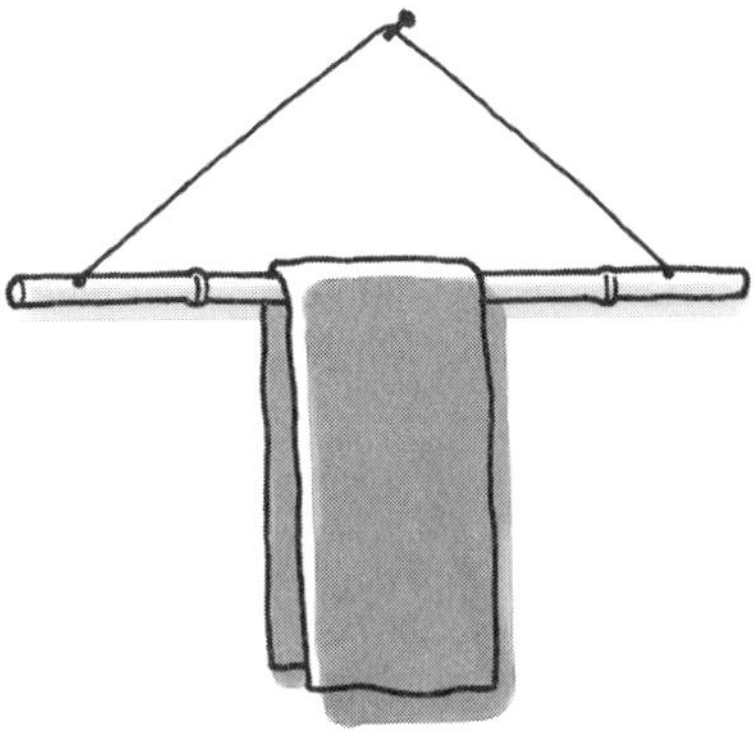

壊れたほうは、分解して紐を
通し、タオル掛けなどに再生。

てあります。蓋は、残った惣菜を冷蔵庫に入れたり、レンジにかけるときなどに使います。環境上かつ経済上の理由から、いわゆるラップを使うのをなるべく避けたいからです。小さい物を含めれば二〇蓋くらい持っています。

それにしても竹の緑って、伐《き》ってしまうと、どうしてあんなに早く茶色に変色してしまうのでしょう。不服なのではなく、変わり身の速さに驚くのです。茶色もいいのですが、緑色が好きな私は、竹の幹や松葉の緑が大好きなのです。

第四章

ケチカロジー・ライフのすすめ

地球に優しい倹約生活、ケチカロジーを始めましょう

いつまでも夢に生きる私は、どこまでも現実離れしていて、できれば深山幽谷に庵を結びたいなど思っています。「雨露をしのぐ」だけの庵です。でも、なかなか実現できません。そんな自分を照らす言葉は、空海の「林泉未飽（林や泉といった自然には飽きることがない）」。

——気取ってないで、現実的なところでお話ししましょう。

私が目指す「ケチじょうず」とは、生活のムダを省き、心豊かに暮らすことです。

〝心豊かさ〟には、自然を愛でることも含まれています。現在の私の幸せは、緑豊かなこの地域の中にあり、ここを散策することです。

お金をかけない生活は、資源を節約する生活でもあります。生活の無駄を減らすことは、環境に優しい生き方でもあるのです。

私は、このケチ（節約）で、環境にも優しい（エコロジー）生き方を、「ケチカロジー」と名付けたいと思います。意味不明ですが、ゴロがいいじゃありませんか。

私の日々のケチカロジーの実践をご紹介しましょう。

透明容器は再利用してから捨てる

こんなに片付け好き、整理好きな私でも、やはり捨てにくいものがあります。とはいっても、そこはケチ道場師範。私の「捨てにくい」は、「無駄にしない」精神の発揚でもあるのです。

まず、透きとおったものに、「透きとおっている」というだけで反応してしまいます。もちろんガラス工芸、ガラス細工、ガラス器物が好きなのですが、プラスチックでも十分です。日常的に使えて、しかも再利用好きな者は、むしろプラスチック向きです。かつてはモズクなどの入った透明容器を、歯磨き用のコップにして、数回使ってから捨てるようにしていました。

今でも、お皿に残したお菜の蓋代わりにしたり、料理中、洗った葉物野菜などを鍋に入れる前に、葉と茎を分けたりするのにも重宝するので、捨てずに一度は使います。果物などは綺麗に見えるので、そのまま朝のテーブルに出します。ちょこっとつまみ食いする器にも適しています。再利用したあと、思い切り捨てるのは痛快です。

その透明容器が個性的な形だったりすれば、俄然取っておきます。小さなプレゼントを入れたり、薬を入れておくと中が見えて好都合です。

今、キッチンにはパイナップル型のプラスチック容器が置いてありますが、まるで小さな水屋に安置された化身仏です。

料理中、切った野菜をちょっと入れるのに透明容器は便利です。

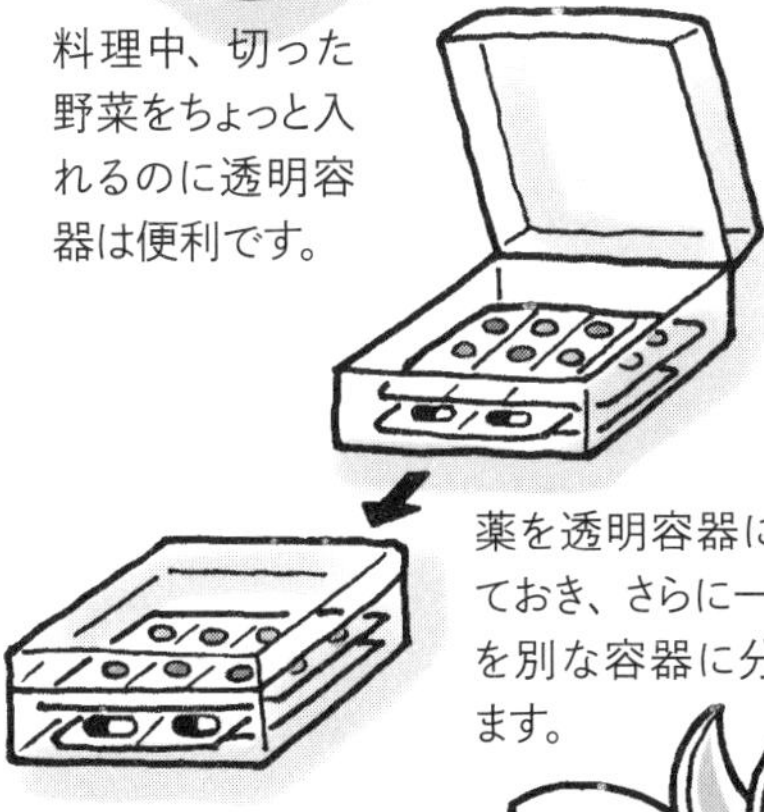

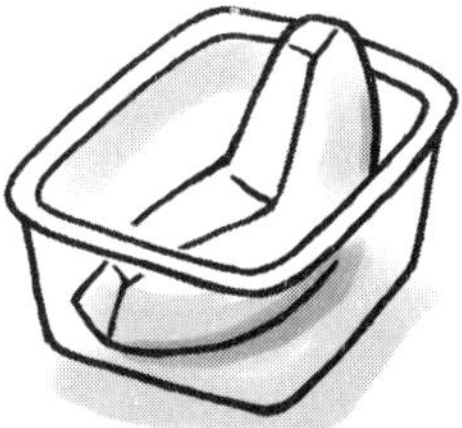

果物などは、透明容器に盛ってそのまま食卓へ。

薬を透明容器に保管しておき、さらに一週間分を別な容器に分けています。

お菓子が入っていたパイナップル型の透明容器。なかなか捨てられません。

スーパーのセロテープも再利用
ゴミ袋を止めるのに便利

買った品物についてくる輪ゴムは、決して捨てずに再利用しています。

輪ゴムよりもっと便利なのが、あれこれに付いてくるセロテープです。お店で「袋は要りません」と言うと、支払い済みの印に店のロゴ入りテープを貼るでしょう？ああいうの、剥がしやすければ絶品です。剥がしたテープの端を不要のプラスチック板に貼り付け、見苦しくない場所に設置しておくのです。私は小包みなどに貼られてくるクラフトテープも剥がして、プラスチック板に貼り付けておきます。

私は一日分の生ゴミを、スーパーの極薄ビニール袋に入れてから、規定のゴミ袋に入れて捨てています。あの薄い袋をできる限り小さく丸めて、この再利用のテープで止めるのです。

納豆を食べたあとの空パック、平気で捨てられます？　私はパックの中でかき混ぜ

買物をしたときに貼られるテープは再利用します。

冷蔵庫に、透明板をマグネットで止めておき、そこにテープを貼っています。

生ゴミは極薄ビニール袋に入れて、テープで止めて小さく。

納豆のパックも小さく折ってテープで止めて捨てます。

るので、余計にパックがねとねとになります。円筒容器はそれほどでもありませんが、蓋あげ式で四角い発砲容器に入った納豆は私の敵です。

食べ終わったあと、口を拭いた紙や辛子の空袋などをこの空箱の中に入れ、蓋をし、全体を四つ折りにし、手近な場所に止め置いてある接着テープで二度と開かないように、徹底的に丸めてから捨てるのです。

荷造り用クラフトテープ（もちろん一度使ったもの）以外でも、大きくて綺麗に剥がせるボトルのラベルなどは強力で、納豆の粘力にも負けません。

接着テープ類は、口が開きそうなあらゆる大きさのごみ袋を止めるのに便利です。

私は流しの中に、生ごみを一時的に集める水切りカゴは置いていません。野菜くずなどは流しにポンポン落としたら、即、流しの下の戸棚の取っ手にぶらさげてある極薄ビニールに入れます。魚を包んだラップなど水気を含んでいるものは、すぐに水分を搾り取って入れます。ですから日々の生ごみは、そもそも握りこぶしほどしか出しません。それを地区の規定のゴミ袋に集め入れるのですが、最小の袋でもいっぱいになるまで長期間かかるのです。

ゴミ袋をゴミ捨て場に持っていくまで、ゴミはベランダに保管されます。そこで悪臭を立てないためにも、毎日の生ゴミは厳重に固めておきたいわけです。それで接着テープが重宝します。テープで止めず、ビニールの口を結んだりすると嵩張り、ゴミの量が増えるんです。もし、規定のゴミ袋に日々のゴミを詰め込み過ぎて、切れたり裂けたりしそうなときは、さっとテープを貼り付けて補修します。

なお接着テープは、玄関などで目につく埃や砂土を接着面でペタペタと取るのにも便利です。

美しい包装紙は食卓で再利用

たまに到来するお菓子の包装紙（美しい広告紙でも可）は、いろいろと使い道があります。冷蔵庫に入れるまで冷ましておく食べ物にかけておいたり、ランチョンマット代わりにしたりします。思い切りこぼせるので豪快に食べ散らかせます（慎みあれ！）。

野菜や果物は、皮や種子まで食べる魚は頭や骨も食べる

野菜や果物の皮はだいたい食べられます。苦味（不味さと言い換えても可）と滋養とを秤にかければ、私は後者を選ぶからですが、「不味いという滋養」に興味があります。「良薬口に苦し」というのと同じで、栄養化の高い部分に不味さがともなうのは、果実たちが遺伝子を守ることと関係するかもしれません。

例えば種まで食べられてしまうと繁殖できないから、そうならないように苦くなっているのでしょう。でも、その種に、人体にとっても価値あるものがありそうです。

ゴーヤの種、捨てますよね。綿綿したところも、お匙なんかでえぐり取ります？　私、食べます。それが自然と身についています。

ピーマンの種も食べますし、カボチャは種を包んでいる繊維質の部分が好きなので、ゴーヤのように種だけ念入りに取り外して調理します。種は干して炒ります。

ダイコン、ニンジンの皮、当然いただきます。気に入っているのが柿の皮。ポリフェノールが多いと聞いて、今では実より皮に夢中です。リンゴはもちろんですが、キーウイの産毛付きの皮、食べますよ。あれは皮と実の間にいちばんの栄養があるんですって。

キャベツの芯は必ず食べます。さすがにパイナップルはいけませんな。でも、芯には一応噛みつきます。手ごわさが魅力です。

魚は骨まで食べる

子どもの時分から関心あるものの一つが、魚の骨とお頭。「あなた様のお命、すべてをお与えください」と合掌して、必ずいただきます。

高校生のとき、試験の日に電車のストライキがあるということで、学校近くに住む級友の家に泊めてもらったことがあります。朝ご飯に、お祖母ちゃんが塩ザケを焼いてくれました。「シャケはねぇ、皮と身の間が美味しいんだよ」と言われ、ものの食べ方に目覚めた一瞬でした。よそのお宅というのは文化的異国だとも知りました。

魚は残すと、ごみ入れの中でも長く匂いが残るものです。食べてしまうが最良。そんな習慣から、我が家では二週間に一度、五リットルゴミ袋一杯分しか、生ゴミは出ません。

ミカンはどう召し上がりますか？

目の前にミカンがあります。召し上がってみてください。皮、剥きますか？　それもいいでしょう。花びらのように開いた裏皮の中から、筋でやや白みを帯びた実が現れました。皮から実を外しますか。で？　爪の先で筋を取る。三、四筋？　もっと？　そして実を半分に割る？　それをまた半分に割る？　全部割って一房を親指と人指し指で縦に摘まみ、上下の前歯を駆使して中身を絞り、指に残った袋は一応皮の上にでも置きますか。次、次と……。元実のあったところが袋で山盛りになったら、花びら型の皮でそれを包んで、ハイ、ゴミ入れ。
　こんないただき方が一般的でしょう。でも私の場合はこうです。

①買ってきたミカンをよく洗います。大きければ皮のまま半分か四半分にして、ハイ、お口の中！　です。ケチ人の買い物らしく小さいミカンなので、丸ごとお口でもOK。豪快！

②洗わない場合は皮を剥きます。果肉を皮から外します。大小の違いによって、分けるか分けないか別にしても、そのままお口。筋と袋の噛み応えを楽しみながら、ゆっくり齧って飲み込みます。

③皮は、ゴミ入れではなく、陽の当たるところへ。紙を敷く程度で、乾くまで時の流れに皮を任せます。干からびたら洗って、料理ばさみで楽に切れる程度柔らかくし、鍋に入れ、水分を適宜足して、砂糖かはちみつで煮ます。お好きな方はシナモンやラム酒でも入れればそれなりに……。私は甘味も煮時間も少なめです。二、三日置いておくと果汁が全体に回っていくからです。マーマレード買わなくてすみます。

④皮でお掃除すれば、流しなどに付着した魚の匂い消しにもなります。
⑤カラカラに乾かして淹れるケンピ茶は漢方薬ですし、お風呂に入れれば柚子湯と同じです。柚子といえば、私は柚子も皮から食べてしまいます。苦味がたまらない。時には種まで噛み砕いて食べてしまいます。ライムやレモンも平気。
ちなみに、種には水溶性植物繊維が多く、余分な糖質と脂肪を排出するので、お茶にして飲むとダイエット効果があるそうです。ご関心ある方、お試しください（でも、そのまま食べてしまったほうがカンタン）。
⑥果実が、茎から実へ栄養を運ぶ役である筋には養分が詰まっている。取って捨ててしまってはもったいない。バナナの味気ない筋も同じです。実の過度の甘みと比べるから苦いのです。

チューブは最後の最後まで使い切る

奮発して高価な美容液を買ったことがあります。化粧水のあとにこれを塗れば乳液は不要で、日焼け止め効果もあるからお得とすすめられて買いました。とはいえ高価なものですから、どうも身に染まず、買うのは一度だけと決めていました。

その美容液がやがて底をつき、いくら絞り出しても出てこなくなりました。

さあ、そこからが私の出番です。まず美容液チューブの、底から四分の一程度のところをはさみでカット。底部には必ず、わずかながら液が残っています。これを指先

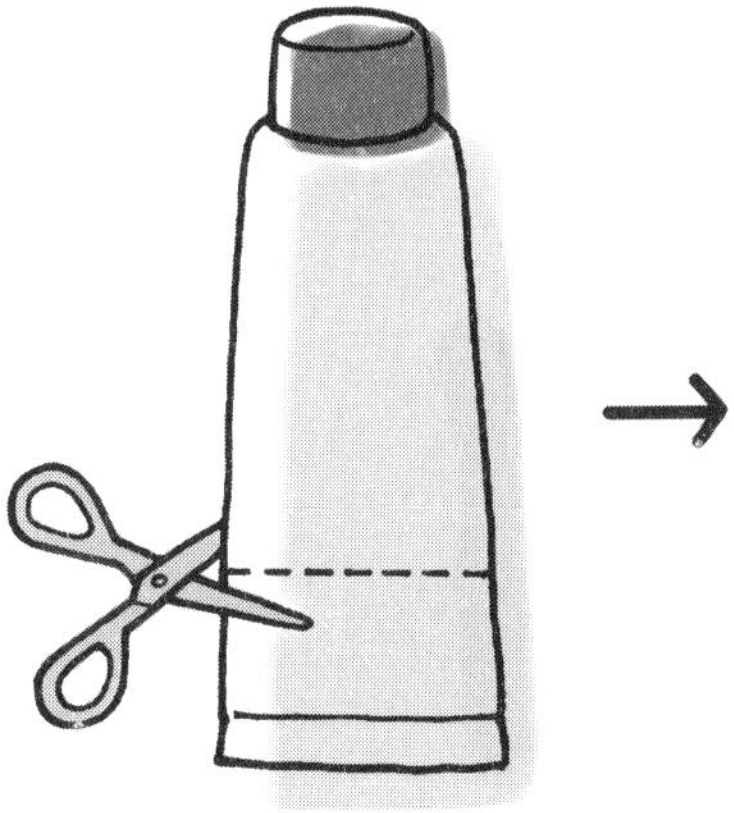

中身が出なくなったチューブは、
底から四分の一くらいで、カット。

底に残った液を指先や、
爪楊枝で掻き取ります。

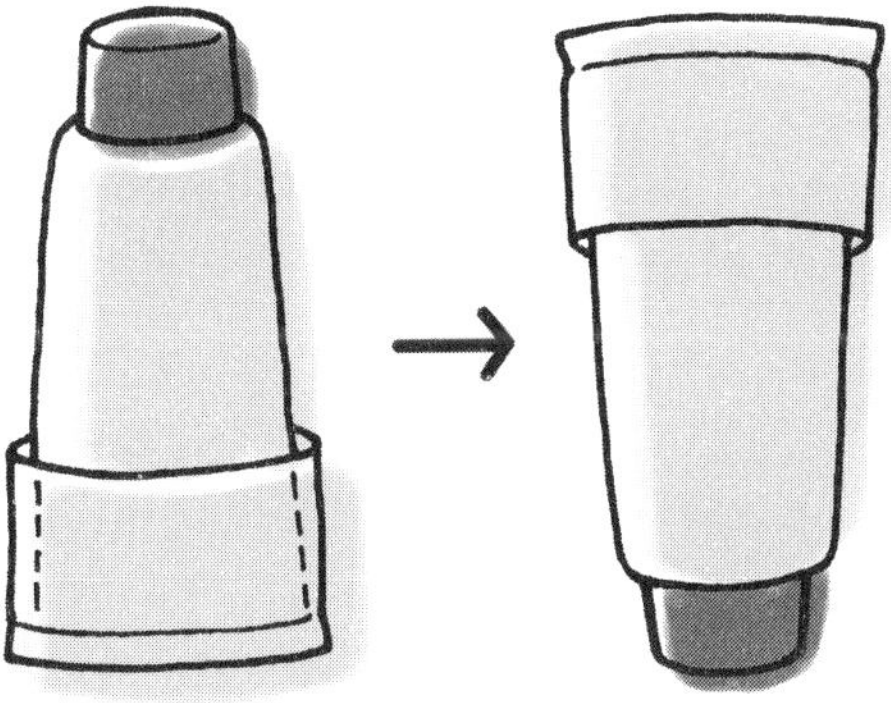

四分の一を蓋に
して、切り口を咬
み合わせます。

キャップを底にして立てておきます。
四分の三部分に付着した液を、切り
口から使います。

キャップの部分に残って
いる液を爪楊枝で掻き
出して使います。

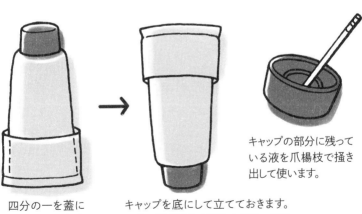

で取ったあと、爪楊枝の頭で隅まで掻き取れば一回分かそれ以上になります。

完全にさらったほうが、蓋にするのに都合がいいのです。え？　蓋にするって、どういうこと？　と思われたでしょう。まだ捨てませんよ。

今度は切った底部四分の一を、本体の切り口に咬み合わせて蓋にするのです。本来の蓋（つまりキャップ）を底にして立てておきましょう。

翌朝以降、チューブの四分の三の部分に付着した液を、切り口のほうから使っていきます。意外なほど残っていますよ。

使いきった箇所はそのつど切り捨てていくと、液が取り出しやすいです。四〜五日分はあります。

まだまだ終わりではありません。容器の形状によりますが、この容器は、本来のキャップ部分の中に、液が残り溜まっていました。それをまた爪楊枝で掻き出します。

こうしたミミッチイ作業の中でこそ、高価なものでもいかに無駄にしやすかったかを知らされます。

缶・ペットボトル飲料は買わない

地方のある企業が荷物を発送する際に、プチプチなどのビニールやプラスチック片の緩衝材ではなく、紙入りポップコーンを詰め物にしていると聞いて、いたく感動しました。食べられるので、贈り物を包んで送ればまさにサプライズです。

近年、社会や環境に配慮した製品を消費しようという「エシカル消費」が言われています。例えば、オーガニック素材や、食肉の副産物の皮革を利用したファッション、または、天然素材の美容品を選ぶことで美しくなろうとする行為を通じて、環境や社会に配慮していこうとするもの。もちろん、対象はファッションや美容だけに限りません。私の場合は購買力が微弱なので、商品の購入による社会貢献はできず、エシカルヒーローにはなれません。それでも地球を傷つける商品はできるだけ買いたくないと思っています。

非常に身近なところでいえば、出かけるたびに次々とペットボトル飲料を買うのではなく、小さめでバッグに入れやすいボトルに飲み物を入れていくことにしています。途中で空になっても捨てませんよ。持ち帰り、何度でも洗って使います。「そんな細かいこと……」とおっしゃるかもしれませんが、大事なのはそうしようとする「気持ち」。そうしたいという「思い」でしょう。

私が自動販売機を使うのは、水を持ってき忘れたときだけです。買物にさえ水を持って歩く私は、飲み終えればどこかの水道水を補充して帰るほどです。ボトルを忘れてきたときはしかたない。いちばん安い、または、いちばん小さいペットボトルの水を買います。缶コーヒーやジュース類、見た目で誘惑するニューフェイス飲料は対象外です。三〇〇ミリリットル前後の小ボトルは、飲んだあともとっておけば、バッグに入れて持ち歩くのに最適な大きさです。素材も電子レンジには対応しない、薄くてペコペコ感のあるプラスチックが、軽くて断然いい。

ところで、ペットボトルから水を飲むときは、口はつけませんよ。何度も飲んでいれば雑菌がうようよですから。口元から一〇センチ離して、口に注げばいいだけです。注意点は、口から外れないようにボトルを傾けること。しくじると水がバっと顔にこぼれます。

家には、災害用の保管水があります。消費期限がくると飲みますが、古くなっても飲料水以外には使えるので、そのまま保存してある水もあります。空ボトルは利用価値があるので、一定数とってあります。

大ボトルはお米入れにします。冷蔵するのに便利です。お米は母が遺したジョロを使ってボトルに移します。実はジョロを見たことはあっても、余計な物として買わなかったので、こういう文明の利器を初めて使ったときは感心することしきりでした。かつてはジョロ代わりに巻いた紙を使っていましたが、こぼしやすく、ジョロとは雲泥の差です。

コットンやティッシュを使わない

お化粧なさるとき、化粧水はどうやってつけます？　コットンですか？

私、コットンは使いません。手でつけると、手に液が残ると聞きましたが、コットンに吸わせるなんてもったいない。あれって吸収率が高いと思いませんか？

そういえばティッシュペーパーも使いません。一箱だけ、来客時にサッと出せるよう用意してありますが、買い（え）ません。

あるデザイン事務所で、ペーパータオルに使うようなスタンドにトイレットペーパーを立てて、それぞれのデスクに置いてあるのを見て、「あ、これいい」と思い、以来、私はロールペーパーをミシン目で切り離し、綺麗な紙箱に入れて、ティッシュペーパー代わりに使っています。

ところで、ティッシュペーパーは二枚一組で一枚になっていますが、私はそれを一枚ずつに剥がして使うのが癖になっています。つい、外出先でこれをやってしまい、公衆の目前で「ケチ」を証明する指先にハッとさせられます。

でも、塗った紅をちょっと押さえたりするなら、一枚の四つ折で十分です（もっとも紅なんて日常では使いませんが）。

自然にふれる散歩を楽しむ

私のリラックス法は、できるだけ長距離を散歩することです。幸いに、とても緑の多いエリアに住んでいますから、もっぱら森林浴に身を委ねます。都会に住んでいると、どうしても交通機関に頼らないと移動できませんが、「運賃タダ」の遠足ほどありがたいものはないと思っています。

休憩処を見つけるのも楽しみです。といっても、喫茶店ではありませんよ。緑の天蓋カフェ、池畔の東屋《あずまや》、草地のベンチ等々。夏は、大きな芝生のある公園の木陰で、

私の外出時の携行品。右上からバッグ、ペットボトルの水、袋に入れた薄手の衣類、その左側は、小物入れバッグ（ファスナートップにホイッスル付き）と傘。下にあるのは簡易団扇（夏限定）。その下右から、ウエットテッシュ、使い捨てカイロ、リップクリーム、UVカット液、櫛、手帳、マスク、お菓子の袋、ハンカチ、財布（ファスナートップに懐中電灯付き）。その下右から、ネッカチーフ（黒）、ボールペン、雨のときに被るビニールのレインキャップなどが入った袋、薬、ティッシュ、そしてスマホ。

財布の中。使えないお金はクリップで留めています。

大の字になったこともあります。草の匂い、風の往来、散歩する小型犬が嬉しそうに近づいて来たのを、同じ目の高さでとらえたときの幸福感。犬好きにはこたえられないドッグカフェでした。

ほかにもマーケットの休憩所や、コミュニケーションセンターのラウンジが開放されています。我が家からいちばん近くにあるコミュニティー館は、大きな曲面大ガラスに覆われたホールがあり、ガラスの外は早春に咲くこぶしの林です。朝から夜九時まで自由に出入りできて飲食も可能ですから、帰宅が遅くなったときの夕飯は、駅地下マーケットで買ったお弁当を、ここで食べたこともあります。

一杯六〇円と格安の飲み物販売機もありますが、私は外出時にはお水を持って歩くため、あまり利用しません。冷えたミネラル水の無料サービスがあるので、その気遣いをありがたく享受しています。

長距離散歩では、あちこちで持参の寛ぎ水を傾けたり、本を開いたりします。それでも私の場合、休憩は長くても半時間です。ケチなのでその程度が合っています。

お菓子も持ち歩いていますが、これは食べる楽しみのためではなく、電車が止まったとか、地震で家に帰れなくなったとか、あるいはふらつくほどお腹が空き切ってしまったなど、万が一のときに備えての食料です。

炒り豆とチョコレート、煎餅に飴、おしゃぶり昆布、干し梅干しなど、ほんの少しずつを、ファスナー付きビニール袋に入れています。旅行に行くときは量を増やします。

お腹が空いたとき、いちばんよく食べるのは炒り豆です。二口分くらいを小さなビニールパックに入れてありますが、人目をはばかってちびちび食べたりせず、一気に口の中に放り込みます。それでも滅多にそのフリーザーパックを開けることはないので、ときどき中身をチェックしたり、新しいものに入れ替えたりしています。

水道光熱費を見直す

この春、電気とガスを一括払いに替えました。二月のガス代を見てビックリしたからです。夏場の三倍以上になっていました。両親が使っていた古いガスファンヒーターが、大量にガスを食うのです。冬場のガス代が膨らむのは以前から気にはなっていましたが、このヒーターは強力で、一台で三部屋に熱が伝わります。寒がりの私は、このヒーターなしに冬を生き抜けません。

そこでガス代が期間限定で半額に割り引かれ、期間外も、その半分は割り引きになるタイプに切り替えたのです。冬に弱い私は、夏にはめっぽう強く、何年もクーラーなしで猛暑を生き抜きました。ガスを節約することは困難でも、クーラーで節電することは可能なのです。

食事も手の込んだものはつくらないので、いったんガスを止め、鍋をかけたまま余熱をフルに活用する料理が多く、夏場の大量のガス使用はお風呂くらいです。

日本の一般的な家庭の浴室には、昭和四〇年代半ばから徐々にシャワーが設置されるようになりましたが、その最初期からつい数年前まで、私はシャワー派でした。ところが、ほぼ一年を通じて、どうも悪寒が身をむしばむようになりました。冷え性対策には入浴が不可欠と知ってから、医者に行くよりはお風呂を選び、治療代を払うよりはガス代を払おうと決め、以来、猛暑の数日を除いて、ほぼ毎日お湯に入ります。

水道料を含めた光熱費、平均すれば一か月五〇〇〇円前後です。一昨年の夏、暑さで気を失いかけた私は、その半年後の春先、エアコンの安売り中に思い切って買いました。今年で二夏、クーラー有り暮らしですが、ほとんど使いませんね。どんなに弱冷房にしても風が身にしみるからです。

今年の夏も一五センチ角の扇風機をパソコンに取り付け、直径一二センチの丸型小扇風機を寝室に置いてすごしました。それでも風が喉を傷めるので、両方とも体を外した位置に向けていたくらい。夏は団扇がいちばんです。

第五章

自由自在に永遠の「一鍋料理」

鍋は洗わず、出汁を使って、具材はお好みでどうぞ

「鍋」は私の相棒です。「鍋もの」というのが一般的な料理名であり、具を入れて煮るだけだから手間もかからないということで重宝される料理の代表格ですね。バラエティーにも富んでいますし、家族のいるご家庭での鍋料理は、いろんな具材を目で楽しみながら栄養もじょうずにとれ、ワイワイ楽しむ食卓にはうってつけのメニューだと思います。

でも私の「鍋」は、「鍋もの」という料理ではなく、何日もかけて、なるべく異な

る具材を食すために都合がいい、〝加熱型助っ人〟なのです。

家族がいれば、全員の好みや、食べる量などを考慮しなければなりませんが、一人で食べるのは、その日食べるものを食べたいだけつくればいい。ただし少量ずつつくるより、何回分かつくってしまうほうが合理的です。

そこで私は鍋のもつ融通性のある許容度を活用し、一度に食べ切れない量をつくり、意図的に残します。多種の具材を一度には買えないという経済的制約があるためですが、「鍋といえば具沢山」という概念も転換させ、二〜三種の具材に毎日一種ずつ足していくという鍋法を編み出したのです。

これが同じ鍋に日々具材を足して食べ続ける、「永遠のひと鍋」料理誕生の秘話です。

さあ、今日はどんな鍋になるのかな？　それは助っ人の鍋だけが知っている。味は助っ人に任せて、私は想像するだけで楽しいのです。

ではその「鍋」がどのようなものか、ご紹介しましょう。あまりに鍋任せなのに驚かれるかもしれませんが、食事づくりを、料理だとも家事だとも思っていない私には、挑戦的でおもしろみのある、新鮮な食べ方こそいちばん。いろんな生活法があってもいいでしょう。

【一の鍋】

ハクサイと豚肉を生姜（鰹節や昆布でもよし）で茹でる。塩分は納豆に付いてくるタレ程度で十分。納豆に醤油はかけませんのでね。とっておいて活用します。ハイこれで一食分。

豚肉はヒレを好みますが、ブロックで売っている場合が多く、切るのが手間なので、一度に切って冷凍しておいたものがなくなった場合は、スライスされたもも肉の最低量パックを探して買います。売場では、だいたい一番下に安いパックがありますよ。なるべく量の多いもの、つまりお高いものから売りたいためでしょうね。

さてその肉を、手でちぎったハクサイ数枚の上に並べ、あとはお鍋の口までハクサイをちぎってはのせます。たまに卵をポンとのせ、ちょちょっと混ぜて蓋をします。弱火ですから焦げません。ハクサイからじゅうじゅう汁が出てきて、鍋の半分ほどまで沈んでいったらできあがりです。

肉は少量だったので食べてしまいましたが、（それでも涙ぐましくも薄い一枚だけは、先にラップして冷凍しておきました。野菜炒めのコクづけや、おうどんの上にちょっとのせるとき便利ですから）ハクサイは半分ほど食べると、汁の浸みた葉っぱと出汁が残りました。これは残しておくのです。

【二の鍋】

昨日のハクサイの残りに、鶏肉と長ネギを加えて煮ます。私の選ぶ鶏肉は、ムネかササミが多いのですが、脂ののった鶏らしい風味を求めるときは、モモを使います。骨付きモモの水炊きも好物です。シラタキと長ネギは欠かせませんね。ダイコンをたくさんおろして、鍋の出汁と酢でいただきます。

【三の鍋】

前日お鍋に残しておいた鶏肉少々と長ネギに、アサリ（この日は剥き身。殻付きならもっといいですね）を加え、まだ冷蔵庫にあるハクサイも入れます。焼いたアナゴが半分残っていました。温めて副菜にしましょう。

【四の鍋】

たっぷり残っている昨日の鍋、さあどうする？　刻んだ油揚げでも入れましょうか。それから青みとして冷凍しておいたホウレンソウも。鰹節（袋物）を加えるとコクが出ます。

【五の鍋】

汁が多くなったので、春雨に吸い上げてもらいましょう。揚げ麩を入れてもいいですね。揚げ麩はとても濃厚な味を出します。

エリンギを大きめの薄切りにして、さっと火あぶり。副菜にします。エリンギは切り方を考えないと、食いちぎれないから注意。何もつけずそのままでいいんですよ。よく野菜を焼いて食べますが、塩・醤油不要です。「味がない」とみなさん言われますが、その味って、塩のことでしょう？　味は野菜の中にあるんです。違いますか？

【六の鍋】

冷蔵庫には、まだハクサイがしぶとく残っています。食べ応えがあるというか、嵩だけは庫内で存在感十分というか……。冷蔵庫はがらんどうのほうが好きなので、早くあれを食べてしまいたい。ガンモドキを買ったのでこれを加えます。ちまちま切ったりしませんよ。まな板と包丁を洗剤で洗わなければならないですから。

ガンモは、ハクサイの上にドカと丸のまま。満月を雁が渡る景色かな。

【七の鍋】

昨日のガンモドキ、うっかりして味付きを買ったらしい。鍋に入れてからわかったので、味が濃くて全部は食べ切れなかった。まだ鍋に居る。その醬油出汁で、たしかダイコンが残っていたから煮よう。葉っぱが二センチほどお飾りのように付いたダイコンの首元。これを使わないで捨てることなかれ。根とギリギリの境で切り離し、葉の部分はよく洗って細かく刻み、鍋に加えます。青物を入れると鍋の景色が一変しますね。

【八の鍋】

今日はレンコンを買ってきた。この野菜には特別なものを感じます。泥水の中から、この世のものとは思えない花を咲かせる、その根だから。仏国土を現してあまりあるほど、清浄な花の根だから。

辛子レンコンが食べたいけれど、レンコンの穴から目の玉が飛び出してしまうほどお高い。それで思いついたのがレンコンおろし。レンコンをおろして片栗粉を混ぜ、オイル焼きするのもいい。でもお鍋もいい。トロっトロっになってまさに浄土の味。大袈裟？　これだけで十分ですが、みなさんはひき肉や白身魚と一緒に。

【九の鍋】

満足な具がないとき、高野豆腐は役に立つ。一個二〇円くらいなのに、お腹いっぱいにしてくれます。私は熱い湯に一分ほど浸すだけで、何もかけずそのまま食べるというのが得意ですが、鍋に入れるときは四つに切って、とろろ昆布か塩昆布を少しだけ加えます。副菜のサトイモ煮もここに入れてしまえば、全体の味が整います。

【一〇の鍋】

ほとんど汁も具もさらってしまったけれど、まだ鍋は洗いません。夏でもなければ、ちょっとお水入れて二日くらいはそのままガス台に置いておく。これで鍋底に付着している汁味が活かせます。

さあ魚、魚、魚、さかなを食べよう♪　タラを食べたいのだけれど、タラちりは一般的な鍋料理のわりに、私にはいい味が出せない。ギンダラが買えれば最高だけれど、東京では（少なくも近所では）あまり売っていませんね。そこで揚げたタラを購入。これを玉ネギと一緒に、洗わないままの永遠鍋で茹でる。揚げタラは、そのまま食べるにはしょっぱいくらいの味付きだから、茹でてちょうどいい。

揚げたカレイを買ったときも、同じように鍋にしました。そういえば焼き餃子を買ったときも同じ。これは脂っこさが強すぎるので、必ず茹でることになります。モヤシをどっさり入れれば一食分になります。

【一一の鍋】

タラは二切れいっしょに茹でたので、食べ切れず、身がほどけた一切れ分が鍋に泳いでいます。そうだ、トマトを入れよう。残っていた玉ネギも入れて、やや洋風鍋仕立て。明日はセロリを加えれば、ぐっと味が引き立つ。

【一二の鍋】

タラ＋トマト＋セロリ鍋。マカロニでも投入すれば、イタリアーノ！

【一三の鍋】

少量になった昨日の鍋に、レタスを投入。少し塩を加える。セロリの強い香りがまだ全体を支配していて、なかなか風味ゆたか。副菜はカリフラワー。小さめの一株が珍しく安く、その半切れを購入。レンジにかけて、シラスを思い切り散らし、そこにごま油と酢をかけて食べました。

【一四の鍋】

スーパーの店頭で、美味しそうなベーコンの塊を見つけた。一回は、大きく切ったジャガイモと炒めよう。あとは味付け程度に少しずつ使うつもり。

お鍋は、昨日のカリフラワーをまだ一房だけ残してあるので、それを入れる。セロリの葉っぱ部分も残っているので、前日のトマト＋レタス＋セロリ鍋の残り出汁に、カリフラワー＋セロリの葉っぱ部分＋玉ネギ＋ベーコン鍋。

【一五の鍋】

一袋一〇〇円の、おつまみいろいろ売り場で、干しホタテ貝の紐を見つける。ナッツやビーフジャッキーの袋は量が少ないので割高だが、紐はそこそこ入っている。出汁がとれると思って買った。これが大当たり。おやつにすると、硬いだけに噛み噛みがタイヘン。なかなか減らないわりにお腹が膨らむ。

この紐を使ってキノコ鍋をつくろう。シメジとマイタケに、マッシュルームがいつもより安い（八個入り一三〇円）ので買う。八個のうち二個は、スライスして生で先に食べる。オリーブオイルを垂らしたら、なかなかよろしい。

オリーブオイルといえば、ガーリックと野菜をオイル煮する、アヒージョなるスペイン料理が日本で流行る前から、そんな料理があるとは知らず、よくつくっていた。エリンギのぶつ切りアヒージョ最高。

ドイツの食堂車でスープを注文したときも、私が常々食べている、野菜と魚の「エエカゲンごった煮」（よくいってもシチュー）とまったく同じものだったときにはびっくり。ところ変われば、私の一鍋も料理と呼べるかもしれません。でも、私にとっては無国籍系・ずん胴鍋との永遠の戯れです。

【一六の鍋】

永遠とはいえども、ときにはお鍋を焦げ付かせたり、「そのお鍋、いつまでもそこに置かれると邪魔」と思ったりするとき、いったん、きれいさっぱり洗って鍋棚に戻されることもあり、永遠は途切れます。この世に永遠がないのと同じでしょうか。

でも、しばらくするとやっぱり出てくるのが永遠の鍋。

野菜売り場で、芽キャベツと出会ったのです。小粒ながらちょっと手ごわい相手で、親和感を持ちたいのに、やや臭みのある苦味のために、まだ親しみを感じられずにいました。でも、根気よく付き合っていけば、何かの調理法をきっかけにして、食べられるようになると信じています。栄養があるんですって。ですから買いました。

この野菜の魅力は、やっぱり見た目の愛らしさです。その愛嬌を活かすために、同じ形態のプチトマトと、炒め煮にすることにしました。ここにベビーオニオンを入れれば三種の球体で、なお魅力的な鍋景色になりそうです。でも、そうお金はかけられないので、売っていなくてよかった。家にある普通の玉ネギを、同じような大きさに切りましょう。

まだベーコンの残りもあります。これを、出汁をとる程度に少しだけ使って炒め、ざっと水を加えて、ぐつぐつ煮ました。お味？　ホホホ……芽キャベツとの距離が縮まりましたよ。

【一七の鍋】

「きしめん」が食べたくなりました。どうしても「うどん」や「そうめん」ではいけない。どれも同じ素材なのに、味まで違う気がするのです。塩分はそれぞれ異なるようですが、人間の舌って不思議ですね。「きしめん」の、口に広がるトロリ感を食したい。しかも、もっとも原形（茹で麺そのもの）に近いままで食べたかったのです。

昨日の球体野菜鍋の残った具をいったん器に空け、鍋内の汁に水を足してきしめんを温めました。ほのかな野菜の味、炒めた油分とベーコン脂で、きしめんは滑らかさを増して、どうしても食べたかった味になりました。麺をほぼ一玉堪能したあと、器に空けた球体野菜を、残りのきしめんの上に飾ってから平らげました。

【一八の鍋】

数日前、三個組ネット入りで買った玉ネギが、まだ一つ残っています。私はこの野菜を、一回に少量（四分の一くらい）しか使わないので、ほとんど一個ずつしか買いません。このときは特価に誘惑された……というより、「丸ごとチンして、やわやわにし、醤油数滴で食べる」というのをやってみたくて買いました。それはそれで満足しました。

それでしばらく玉ネギは食べなくてよいと思ったので、残り一個は酢漬けにしようかと迷ったあと、オニオングラタンスープなるものを思い出しました。もっとも何工程かを踏んでつくる、本物のオニグラスープのような手間はかけ（られ）ません。

まず、昨日、きしめんを茹でた汁を永遠鍋から器に移し、もちろん洗ったりしていない永遠鍋にオイルを入れて櫛型に切った玉ネギを炒め、コショウを加えて透明になるまで掻き回しながら待ち、その間に、めったに買わないフランスパンを切ります。

玉ネギがしんなりしたら、先日、きしめんを茹でた汁を加えます。濁っていたってかまいません。その前日のカスも混ざっていたって、おおいに結構。

煮込んでいる間、たまに買うカテージチーズに、バジル（粉末でも可）、あるいはレーズンかブルーベリー（ドライでも可）をのせて、フランスパンに挟みます。焼いたトマトを添えてもいいですね。

トマトを焼くとき、具を挟んでいない別のフランスパンもいっしょに焼きます。焼けたパンを、器に入れたオニオンスープの上にのせて、はいできあがり。パンにスープが浸みこんで、とっても美味。

【一九の鍋】

お鍋はやっぱり和風でないと……などとつぶやきながら、手に持ってじっと見ているのは、和とはいえない生春巻きの皮（乾燥）。数年前に買った、消費期限を大幅に越えた危険食品。捨てようかと何回も考えては、厚紙袋を棚のすみに立てかけてありました。生春巻きの皮は水を塗るだけで、生で食べる食品だから、アヤシイに決まっている。しかし頭の中では、「これ、ラザニアをつくるパスタ代わりにならないかしら……」と考えているのです。

和風はどこに行ったやら……しかしひらめいたら、やってみずには気がすまない。結果から先に言いますと、これは失敗でした。でも、自分としてはそうでもない。おもしろかったの一言です。

永遠鍋に水煮のミックス豆を数センチの高さまで入れ、残しておいて周りが固くなった生ハムも投入。そこに春巻きの皮をのせます。鍋も皮も、円形であるところがベストマッチ。

次に、皮の上にひき肉（塩少々）を薄くのせ、また皮を被せ、カットしたトマト、皮……「そうだ、粉チーズがあった」と思い出して振りかけます。そしてまた肉（コショウ少々）、皮、豆、皮、トマト、皮……と重ね、少し水を注いで蓋をします。そのまま十分くらい煮ます。

想定外だったのは、ラザニアのようにお皿に取り出せず、春雨の皮がぐしゃぐしゃに縮んだことです。ここが失敗。

結局、数日で食べ切りましたが、縮んだ皮はなかなか噛み切れず、閉口しました。でも食べ切ったので、これで危険食品も捨てずにすみました。我が家、フードロス・ゼロです。

【二〇の鍋】

鍋ものはやっぱり和風でないと。今日こそネギマ鍋です。ネギマほどワタシ料理に近い料理はない。そもそもぶつ切りにしたネギと、ぶつ切りにしたマグロをさっと煮るだけの料理ですから。

長ネギは、太いのをばら売りの中から選んで、一本買いました。マグロはもちろんぶつ切りです。何といってもマグロは生がいいのですが、長ネギに目覚めたときから、ネギマ鍋だけは別格。

京のお人は、細くて全身緑の九条ネギがお好きやして、納豆同様、「あんなヌメヌメっとした白ネギはヨオ食べん」と言わはりますけど、東京には長ネギ専門店がありましてなぁ……。ウチはそこで東京ネギの食べ方を教わったんですわ。

ネギの白い部分を、五センチくらいのぶつ切りにします。それを焼くだけなのですが、真っ黒に焦がす。それを食べるなんて無茶は言いません。お焦げの表面一枚は捨てます。その中です。どんなにトロトロに、真っ白く蒸し焼きされているネギが美味なことか。これだけでおかずになります。

ネギマ鍋のネギは焼いたりしませんが、ネギの味がどれだけ深いか。

ネギマの、マグロ味が浸み込んだネギも、レバに合わせる白髪ネギも好きです。

【二一の鍋】

そろそろ涼しくなってくると、急におでんを食べたくなりますよね。私のおでんは、気まぐれおでん。

そもそも「でんがく」から派生したらしい「おでん」は、発生以来、気まぐれにして千変万化。上方では「関東炊き」なんて呼ばれて、色濃い汁をちょっと蔑まれたり。愛知あたりの「味噌おでん」なんて、なかなか強烈ですよね。

私も味や具を限定したりしません。とはいうものの、必ず入れるのがダイコン。

今日のおでんは、ほとんどダイコン鍋。「ふろふきダイコン」などという優雅なお名前は上品すぎる、ただの茹でダイコンです。いただきもののため大事に、少しずつ使っている昆布を敷いて煮ます。

一日目は、一応、お味噌や花かつおを用意はするけれど、ほぼザ・ダイコンを堪能します。これを「ふろふき」と呼べないもう一点は、諸事情ありまして……。一つには、あれほど柔らかくするまで煮込めないから。もうおわかりでしょう？　ケチだから。もう一つは、翌日また火を入れる予定だからです。

【二二の鍋】

翌日。残った……いいえ、残したザ・ダイコンに、ツミレを入れました。

【二三の鍋】

さらにその翌日、ゴボウ入りのさつま揚げを加えれば上等。タコが入れば特上でしたがね。

ダイコンが少量になったら、その代わりに足すのはコンニャクかな?

まあ、いろいろが、出たり入ったりの気まぐれ鍋です。

【二四の鍋】

料理じょうずの友人から、汁気たっぷりのトウガンとブリの葛煮を、タッパに入れて頂戴したことがあります。逸品でした。トウガンは買えないほど高価な野菜ではありませんが、持って帰れない。最近は半分にカットして売っていますが、それでも私には大きすぎる。重すぎる。

それが先日、店頭で、やや小さめなトウガン半分を見てしまいました。途端に友人の料理の味を思い出してしまい、ほかには何も買わないと決めて、トウガンだけを買いに行きました。

いつものように、初日はおでん出汁でトウガンだけを煮て食べ、トウガンなるものを味わい、翌日、ブリを求めに出かけたわけです。私はどうしても調味料を加減してしまうので、友人の作品のようにはいきませんでした。第一、葛なるおごそかな食材を所蔵していないので……。はじめから落差ありですが、そういうときは比較しなければよろしい。

おでん汁で思い出しましたが、コンビニのおでんを買ったことがあります。仕事をしていたころ、帰りが夜遅くなってお腹が空き切っていたので、帰宅してすぐ食べられるよう、何回か四～五種買って帰りました。買うときに必ず言う言葉が「汁はいりません」。私にはとても飲めませんよ。家に持ち帰る間だけでも味が濃くなってしまう。それにおつゆタプタプで歩きながらこぼしそう。

食べるときは白湯を入れ、薄めて食べるのです。薄めたおつゆも飲めません。そこで捨てるのが惜しい私は、あまった具とおつゆを翌日に活かすわけです。シュンギクやミズナを加えて煮物にしたり、焼豆腐鍋にしたり。

また思い出しましたが、煮た豚足（か弱い女性にとってはコワい食べ物でしょうか?）を買って食べたあと、しゃぶりきった図太い骨を、何度煮物の出汁に使ったことでしょう。鶏の皮もその方法で、次回の出汁にしています。


さて別の折、別の友人が電話口で、「今、カブラ蒸しをつくっているのよ」と言いました。これも後日思い出して、急に真似してみたくなりました。京都で暮らしていたころは、毎冬、カブラ蒸しを食べに行くのが楽しみでした。その思い出を再現したくもなったのです。

けれど、これまたその味を出せるはずがありません。ネットで検索したり、料理本を見たりしても、料理に対する勘が悪くて、頭に入らないのです。書き出しても、高価すぎたりして調達できない、不足の材料が必ず出てくる。それをどう調整すればいいのか、料理音痴の私にはわかりません。

そこで、私がつくったカブラ蒸しを明かせば、ただひたすらカブをおろし、サワラとレンコンを入れて蒸しただけ。それでも食べるときは、京都のアマダイ入りのカブラ蒸しを目前に思い浮かべて、「うんうん」とうなずきながら食べました。

【二五の鍋】

コマツナのしゃぶしゃぶをTVで教えてもらいました。コマツナの一房を、切らずに三秒湯の中でしゃぶしゃぶするだけなのですが、たかが菜っ葉、されどしゃぶしゃぶという味わいです。

コマツナは、ホウレンソウのように特別個性的な味ではないはずなのに、三秒の間に、コマツナにしかない奥ゆかしい味が引き出されるようです。もちろんみなさんは、洗ったお鍋で新鮮なお水を沸騰させましょうが、私はいろいろ味の混ざった濁り湯でのしゃぶしゃぶでした。これもまた乙なものですよ。

【二六の鍋】

永遠鍋に、生のまま残したコマツナを切って入れ、鶏のひき肉団子を加えて食べました。丁寧に片栗粉を混ぜて丸めたりしません。スプーンでしゃくって、ポンポン鍋に落としていくだけと簡単。

翌日はネギを入れたり、生姜を加えたり。すいとんにしてもいいですね。

【二七の鍋】

缶詰の、茹でたヒヨコ豆をミキサー（終始末が煩雑なので滅多に使わない）で攪拌《かくはん》しました。そこにトロっと液状のマスカルポーネチーズを混ぜて、スープにしました。これ、つなぎにマッシュポテト（粉でOK）とかコーンフレークを入れてフライパンで焼いても美味しいですよ。今日のスープには隠し味（そんなしゃれたものではありませんが）に、お味噌をほんの少し入れました。豆苗があったのでのせて食べました。

煮たオカラと、ヒジキを煮たお菜があったので、この日の主食はご飯。でも、残ったスープはパンでいただくことにしましょう。

【二八の鍋】

二七鍋を、朝食でさらってしまったあと、もちろん洗わずに置いておいた鍋で、ジャガイモほか、冷蔵庫にあったいろいろ野菜（ニンジン・タマネギ・シイタケ）を処分するため、冷凍してあったカレー用角切り豚肉でポトフをつくりました。

食後、とくに多めに入れて残したジャガイモを鍋から出して、いただきもののハーブのディルを振りかけて、冷蔵庫に入れておきます。相性がいいこの二つは、よく混ぜておくとより美味しさが増すのです。明朝にでも食べましょう。

【二九の鍋】

肉がなくなった二八鍋に、市販の牡蠣フライを入れて、鍋に残っている玉ネギやニンジンといっしょに温めました。私はコレステロール値が高いので、あまり牡蠣は食べません。お値段的にも差し障りがあるので、八個入り牡蠣フライを買えば、半分以上は冷凍しておきます。買ってきてすぐ冷凍しないと、好きなだけに一度に食べてしまいかねませんので。それでもフライ八個は私には脂っこすぎる。一流揚げ物店の牡蠣フライなら、きっと八個もイケますでしょうけれどね。

なおフライは、天婦羅同様自分ではしませんから、どうしてもフライを食べたい場合は、なるべく牡蠣ではなく庶民的なアジフライで、「フライ感」を補うことが多いのです。アジフライもときには鍋に入れますよ。市販のアジフライやチクワの天婦羅などは、猛烈にしょっぱい。私には、鍋ものの味付けに使うのがいちばんです。

【三〇の鍋】

肉鍋。私の母は「すき焼き」を「肉鍋」としか言いませんでした。私が肉ジャガを「ジャガイモ煮」としか呼びたくなく、「鍋もの」を「鍋」としか言いたくないのは、DNAかもしれません。母の場合は、「すき焼き」と呼べるような立派な料理ではないという謙遜から、「肉鍋」と言っていたようです。

それに、卓上コンロで好みの具を入れて煮ながら、各自で取り分けるという食べ方ではなく、すでにできあがった肉鍋を、すき焼き鍋ごとテーブルに出していました。それで、母は厳密には「すき焼き」とは呼べないと思ったのかもしれません。

私は、すき焼きも肉鍋も、ほとんどつくりません。お手ごろなすき焼き屋にも、入りづらいのではなく、食べづらいので行きません。私ウシ年なので……なんて。実際の理由はわかりませんが、なぜか牛はあまり食べないのです。それを不思議と思うとき、私は牛肉をちょっぴり買います。

シラタキいっぱい。長ネギいっぱい。お麩いっぱい。砂糖と醬油はちょっぴり。しかし卵に付けるなんていうのは、発想からしてあり得ません。

さあ、永遠の果てに登場した肉鍋をもって、豪華？　な締めとしましょう。

【おまけの鍋】

和風煮物をするときは鉄鍋がいちばん。取っ手が鍋の上を弓なりに横断するあの形が、いかにも囲炉裏端を思わせます。

ゴボウとニンジン、鶏手羽とコンニャク、サトイモとシイタケで、「一の鉄鍋」。

次の日は、鶏の手羽にカブの葉を混ぜて「二の鉄鍋」。

まだ冷蔵庫にあった手羽に、カブとニンジンを加えて、和風ポトフが「三の鉄鍋」。

真空パックのビーツを見つけて頭の中がボルシチになり、どうしても黒い鉄鍋で、赤いシチューをつくりたくなりました。これが「四の鉄鍋」。牛肉を買ったので高くついてしまったけれど、鍋はぐつぐつと笑ってくれました。

「五の鉄鍋」は、角煮用の豚肉と、昆布と、大きく切ったダイコンで、沖縄料理風煮物に。

しかし、お気に入りだったこの鉄鍋、母親と同居した数年、段ボールに入れて物置に置いておいたら錆びてしまったのです。グッバイ・マイナベでした。

第六章

ケチケチ生活レシート公開

一日一〇〇〇円で暮らす私のレシートをお見せしましょう

私の買物は一人分ですから、いずれも少量です。それでも、ほとんどの食材は買ってくるとすぐ、その一部を冷凍します。これは翌日の食材を、次々買わなければならないことを恐れるからです。お財布の問題ではありますが、冷蔵庫保存だと、消費期限が気になって気になって仕方ないからでもあります。冷蔵庫の奥に消費期限が過ぎた食材を発見……なんてこと、もったいなくてできません。

少量でも残しておけば気持ちに余裕ができます。「食べるものがない……」というとき、「ああ、そういえばアレが冷凍庫にあった」と思い出せば、はてどういうふうに料理してみようと考えて楽しくなります。

買ってきたお惣菜も、箸をつける前に半分を冷凍してしまいます。冷凍した分は、後日、他の生野菜などと煮込むなどして、別な料理にするのです。

では、私がどんな買い物をしているか、レシートをお見せしましょう。

七月一日（月）

◉新生姜（大二個）一三八円　◉ナメコ（一袋）九八円
◉サケ（一切れ）一五八円　◉刻みネギ（見切り品）四〇円
◉フック（一個）一〇〇円　◉小包用切手三四〇円

合計九一七円（税込）

新生姜は、普段はもっと高い。茎付きの谷中生姜は小さいだけにもっと高価。この日の生姜は、根だけでしかも大きい。買わないわけにいかない。

オクラが残っているので、ナメコといっしょに湯掻いて合わせる。味付けはその時々でいろいろ。まず強力な滑りを確かめるためにそのままで。次に納豆に付いてきた出汁醤油などをちょっとかけて。まだ残っていれば、蕎麦を食べるとき、蕎麦つゆの中に入れて、つけ麺にしてもいい。私の蕎麦食は、海苔と蕎麦湯があれば、蕎麦つゆを必要としません。でも、ナメコやミョウガをいっしょに食べたいときは、つけ麺にします。

サケは焼いて主菜に。刻みネギはパックごと冷凍します。薬味にしたり、味噌汁の最後に入れます。

縁に模様が刻まれていて、あまり使わない木製のまな板を、よく使うまな板（二枚ある）立てから、隔離したいと以前から思っていました。やっとフックが買えたので、壁に取り付ける。壁に下げたらお洒落なキッチン飾りになりました。

七月二日（火）

◉シラタキ（一袋）一〇五円　　◉玉ネギ（一個）五八円

◉マイタケ（一パック）九五円
◉ミョウガ（三個入り）一〇八円
◉パン（半斤）一九八円
◉ジャガイモ（一個）五八円
◉茹で枝豆（一パック）一五八円
◉紅ザケ（小二切れ）三九八円

合計一二七二円（税込）

ある雑誌に感想文を投稿して、老舗の牛肉佃煮を景品にいただいたので、そのまま食べるのは惜しく（味も濃いため）、シラタキや、玉ネギ、マイタケを入れて煮ました。牛肉は滅多に食べないので、どんなによく噛みしめたことでしょう。

ジャガイモ一個は、皮を洗い、丸ごとチンして夕飯の主食に。

ミョウガは、だいたいスライスして酢漬けにしておきます。酢も桜色に染まって綺麗。

茹で枝豆は、夕飯時のおつまみで、紅ザケは、翌昼の主菜です。焼いて食べます。

七月三日（水）

◉イワシ生姜煮（一袋）一三八円　◉レーズン（一袋）一五九円
◉チンゲンサイ（二株）一〇八円　◉風邪薬一一五〇円

合計一六七九円（税込）

レトルトパックのイワシ生姜煮は、お皿にとってレンジで温めるか、冷たいままで。レーズンは常備食。本当はプルーンやドライイチジクのほうが好きなのですが、値段の関係で、時々はレーズンを。ほとんどそのままで食べますが、ヨーグルトに入れることもあれば、同じく常備食のナッツやチーズと一緒に食べることもあり。

チンゲンサイ、朝は生のまま。味なんかつけませんよ。ドレッシング買ったことありません。カロリー不足を感じたときは、せいぜいごま油と酢。マヨネーズは？　といえば、これはたまに、ものすごく食べたくなる食品なので、危険品とみなして避けています。最小サイズ一本しか、冷蔵庫に入っていません。

お昼に食べるとき、チンゲンサイはさっと炒めたり、茹でたり。

七月四日（木）

◉乳液（一瓶）五六四円

合計六〇九円（税込）

基礎化粧品だけは良いものを使おうと、無理して三〇〇〇円以上の商品を使っていましたが、いよいよこれもお手上げ。古くからのロングセラーの某乳液へ帰還したときは、懐かしさで涙ぐんだものです。これなら惜しげなく使えて私向き。

ドラッグストアで化粧品を買ったら、団扇をくれました。一瞬「うッ」。実は私、団扇大臣なのです。すごい数の団扇を家のそこかしこに置いています。全部景品です。派手な広告は目障りですが、本箱の端や、家具と家具の隙間、レターボックス、お盆の下など、暑くなったらどこにいても即、手が届くように、目立たない場所に潜伏させています。

先日数えたら二〇本ありました。ですからもうタクサン。でも差し出された団扇はなかなかハイセンスな紅型《びんがた》模様だったので、古いものを一本くらい捨てようかと思い、いただきました。これは目立つように立てかけてあります。クーラーに弱く、比較的夏が好きな私は、おおかた団扇だけで夏を仰いでいます。

先頃、世界中で日本人だけが、風鈴の音で体の熱を低下させられる稀有な国民なのだと聞き、自分にもできる省エネを、私は団扇で煽りたてています。

七月五日（金）

◉納豆中粒三パック入り 五八円　◉水（備蓄用・五五〇ミリリットル）五五円
◉トマトジュース（七二〇ミリリットル）一七八円
◉漂白液（詰め替え用一袋）八八円　◉蕎麦（常備用。乾麺一袋）九八円
◉アオサ粉（一袋）七八円　◉豚もも肉（一パック）一九三円
◉小パックのワイン（一五〇グラム。飲み過ぎないように、アルコールは最小量で買います）一〇〇円

合計九一六円（税込）

納豆は一日おきくらいの割合で、夜に食べます。遅い午後に外で軽く食べたりすると、夕飯までは食べられず、納豆だけですませることも多々あります。みなさんはご飯にかけたりする都合上、小粒のほうがお好きかもしれませんが、私は納豆オンリーを食べたり、ご飯にはかけない派なので、噛み応えのある中・大粒好み。辛子か海苔があればそれだけで食べられます。三パック五八円を見つけたときは、生涯の友と決めました。

水（備蓄用ミネラルウォーター）二リットルのボトルを買いたいところですが、重くてなかなか買えない。小瓶でさえも、買物の少ないときだけ買って、大事に押入れの水保管場に入れておくのです。三〜四日分以上は備蓄してあると思います。

トマトジュースは大好き。でもボトル入りはやはり重いので、たまにしか買いません。カットトマト缶は常備してあります。生のトマトは一個一〇〇円以下のときだけ買います。生が好きだけれど、過熱したほうが栄養価が高いそうです。生なら、玉ネギのみじん切りをのせるのが好きだし、中をくり抜くように食べてしまい、そこにひき肉を詰めてオーブン焼きするのもいい。山盛り一〇〇円と出会ったときは、重さも忘れて急ぎ足で帰り、煮込んで保存食品にしました。

肉詰めといえば、ひき肉と玉ネギのみじん切りに、片栗粉や調味料を加え、ピーマンやパプリカに詰めるのが一般的だけれど、具は豚や鶏のひき肉だけでも大丈夫。ものすごく簡単レンチンで、私にはご馳走。でもご馳走感を持続させたいので、あまりつくりません。

ピーマンは焼いて食べることが多い。普通は半分かそれ以下に切って、種を取って網にのせるのでしょうが、野人食は、煮炊きしているガスの火元に丸ごと置いて、丸ごとピーマンを、時々回しながら焦げ目をつけます。シシトウも同じ手。網なしで、お鍋と同時にできあがり。

家でお蕎麦を食べるとき、時々、茹で上げた蕎麦とゆで汁をお椀に入れて、それだけで食べてしまいます。数年前、蕎麦打ちパーティに招かれました。蕎麦打ち名人さんが打って、打ちたてを食べるというので、どんなお味かしらと興味津々。盛り付けられるとき、「私はおツユいりませーん。お蕎麦だけくださーい」と言ったら、名人さんにエラク喜ばれました。家で蕎麦だけ食べるとき、いつもそのときのことを思い出します。

アオサは意外と高価なものですが、廉価品を見つけました。まさに粉・末なのでしょう。色味に使ったり、味噌汁に入れます。

豚もも肉は、茹でて辛子酢で食べることが多い。

七月六日（土）

◉ざる蕎麦（外食）六〇〇円　◉豆腐（半丁）七八円
◉カツオ刺身（一パック）一八二円
◉ぬか漬け（胡瓜・茄子・大根・人参の四種）一八九円

合計一一三三円（税込）

買物エリアに、居心地のよい蕎麦屋があります。大それた店ではないけれど、奥にあるカウンターが好き。ほとんどのお客が入口近くのテーブル席に座るので、奥地に一人入り込むと何とも落ち着く。もう少しお金持ちなら毎日通ってもいいほど。

カツオは翌昼、海苔か薄切りミョウガを敷いて丼にする。生姜やニンニクを添える。

七月七日（日）

◉梅干（二〇粒）二二〇円
◉コマツナ（少量）五〇円
◉歯磨き（一チューブ）二四八円
◉醤油（一〇〇ミリリットルの携帯瓶）一二八円
◉赤だし味噌（五〇〇グラム）一八九円
◉ミックスナッツ 二四八円
◉メカジキ（一切れ）一一〇円
◉ヨーグルト（四〇〇グラム）九八円
◉ソックス 二八〇円
◉魚肉ソーセージ（細いもの五本）八八円
◉煮揚げ（四枚入り）一五八円

合計一九六二円（税込）

翌日は大雨との予報なので、出かけなくてすむよう多めに買いました。
梅干しは切らさないようにしていますが、実際はそれほど食べません。嫌いなのではなく、やっぱり大切すぎて。それに梅干しは、体が要求していることがあって、そんなときどうしても必要なので、大事に食べる。

ぬか漬けも好きです。小綺麗にカットしてパックされたものもあり、食べるのに楽ですが、いずれにしろ日持ちがしないので、なかなか買いません。私には塩分が強く、これだけでご飯がなくなってしまうし、ちびちび食べていると不味くなるから。冷凍保存もできるけれど、味はがっくり落ちる。

メカジキとコマツナはいっしょに煮ましょう。

七月八日（月）

◉銀鮭（二尾。一〇％割引）二七〇円　◉アサリ（三〇％割引）一四四円
◉ヨーグルト（四百グラム）一三八円

合計五九六円（税込）

値引品はあまり買わないことにしています。夕方に買いに行けば安くなってるものに遭遇しやすく、その日のうちに食べるには最適なのですが、私は日中に買物に行く

ので、値引き品が少ないことと、翌昼に食べるものを買うため、日持ちを考慮しています。

こんな感じで、一日一〇〇〇円生活をしています。超える日もありますが、五〇〇円も使わない日もあり、平均すれば一〇〇〇円暮らしです。

これほしい……けれど買えない。あれほしい……でも買わない。こうつぶやきながら店を歩いていますが、買った物を書き出してみると案外多い。もっと貧しい人のことを考えて、ケチカロジーに精を出さないと。

第七章

買わない着こなしの工夫

その日の、心の色を着る

明日着て出かける服を、今日のうちに決めておかないと気がすまない性分で、数もないのにしつこく考えています。最終的に何を選ぼうと身に危険はおよびませんから、余裕がある分、楽しくもあります。一度決めてしまえば、気が変わることはほとんどありません。

翌日の天候がわからない場合は、二通り選んでおきます。なぜそんなことをするかというと、気持ちに合った装いで出かけないと、チグハグ感でとても落ち着かないからです。かつての私なら、自分の持ち服から選べないときは、買ってしまうこともできました。今の私にはその発想さえ起きません。

行くところに合わせて着回しを考える

一人で展覧会に行くときも、会場までの行程や、美術館の佇まい、展示の内容、ティールームのムードなどを想像しながら、刺激と心地よさを合わせたような装いをしていきます。同行者があればその方とのバランスも考えますが、一人ならなおいっそう、心の色にかなった衣を着ずにいられません。私にとって衣服は装うものである以上に、気持ちを映すものだからです。

たとえば、今日は梅雨の晴れ間なので、淡い水色のブラウスに白いスカートです。昨日、天気予報を見て選びました。展示テーマの風景画に溶け込める、すがすがしい装いのつもりです。

先日、益子焼の展覧会を見に行ったときは、深緑のブラウスに黒のカーディガンと黒のパンツ。益子の窯元を訪れたときにも着て行った、落ち着きのある色合いです。そして、青緑とベージュの布で織った信州の裂き織りという手法のポシェットを合わせました。

持っている服が少ないので、着回しが得意分野です。羽織るものをガラッと替えてみたり、小物でアレンジしたりして、同じ服でも結構楽しめます。

都内でいちばん好きな民芸館へ行くときは、紺か茶のワンピース、またはセータールックがいいですね。タイで買ったエキゾチックな手づくりベストを、黒のニットワンピースに合わせてみたら、身も心も民芸賛歌となりました。

流行は追わず、着回しを徹底する

私はよく洋服を買っていた若いころ、着ることが滅多にない服を見ると厭な気持ちになりました。安くもなかったその服を、何を迷ったか浅はかにも買ったことが悔やまれ、いつまでも箪笥に入っていることにいたたまれなさを感じました。

そういう服が一着二着でなくなったとき、衣類の購入をやめて、徹底した着回し作戦に変えました。流行に気配りしてきたとしたら、流行というものを無意識に取り入れてしまうことを避けたいためであり、流行を追うより、流行の兆しを読みとることや、流行遅れをどう活かすかに興味を持つようになったのです。

私は二〇代で買った服を、恥じらいもなくまだ着ています。着方を変えればいいのです。こういう場合にこそ、今風の着方を取り入れましょう。

例えば共布のベルト付きAラインワンピースのベルトを、ウエストから首へ移動させて襟元アクセントに替える。絞りのなくなったワンピースにはレギンスを合わせる。これで十分現代風です。

古着を着るときのポイントは、しみったれた印象を与えないこと。生地の劣化や汚れも禁物です。好きな服ならばこそより丁寧に扱い、新鮮な感触を保つべきです。

袖を通すことが滅多になく、わずかながらもハンガーに居残っている服を見ても、最近は嫌悪しません。ささやかなコレクションとして、クローゼットの中で眺めるのを楽しんでいます。

母のワンピースを着こなしで生き返らせる

最近は正装で出かけることなどめったにありませんが、明日は珍しくお呼ばれなので、何を着て行こうかと悩み、亡き母のワンピースまで出して探すことになりました。母は私と違って、地味でも良質な洋服を、少しばかりですが老いるまで新調していました。

今朝出してみたのも、上質そうな生地と仕立てなので、捨てがたくとっておいた一着です。けれど、青系の地に白の小さな水玉模様。前開きで、開襟襟、共布のベルト付き。そして中途半端に襞のあるフレアスカート。

どう見てもお婆さん風デザインです。色にしても、私はダークカラーでも透明感のある色彩が好きですが、母はいつも曖昧カラー、よくいえば中間色の複雑な色合い好みでした。この服も明るいブルーだけれどグレーがかっていたので、それも今まで着ようと思わなかった理由でした。

改めて見てみると、ただのプリント模様だと思っていた白いドットが、ブルー系の生地の上に重ね縫いで施されています。しかも微妙に浮き出る縫い合わせ方なので、生地に膨らみがあるのです。「ん?」と思いました。これは、私が買うような「ぶら下がり品」ではない。やはり捨てがたい。それどころか着なきゃいけない。

花のコサージュを襟もとに留めてエレガントに

試しに袖を通してみると、五分袖なのがおもしろい。昔風で野暮ったいと感じなくもないけれど、今となっては逆に新鮮にも見えました。

どうしたら着こなせるか？　ここが思案のしどころです。楽しい時間でもあります。

全体的にエレガントなのに、シャツ風の襟がいけない。そこで、襟を首元で閉じてみました。あら、いいじゃない。そこで襟を止めるブローチを探します。

金属的な素材ではオーソドックスになりすぎるし、木彫りでは地味。

最後にひらめいたのが、なんと帽子についていた紺色のコサージュでした。私は帽子に花をつけて被るのが好きでないので、このコサージュも取り外しておいたのです。

これをワンピースの襟もとに留めると、ブルーグレーの微妙な色合いの地に、紺のコサージュがポイントになり、思いがけず、花もワンピースも生き返りました。

父の兵児帯をリフォーム

家族の遺品を片付けたとき、箪笥の奥で父の兵児帯を見つけました。帰宅後は和服に着替える習慣（趣味？）のある兄にあげようと思いましたが、畳み直してみると小さな穴を二か所発見。これは処分するしかないと思いつつ、絹なのでちょっと捨てがたく、小さく丸めて箪笥の隅に押し込んでいました。

それからずいぶんたって、旅行先の宿で寛ぐときに履く長めのスカートを持って行きたくなりました。できる限り衣類は持参しない「掟」なのですが、ディナーのときなどに、ちょっとだけよい気分になるのも悪くない。軽くて嵩張らず、皺にもならない素材で……と考えていると、父の帯を思い出しました。

取り出してみると、帯の長さは四メートル、両端に鹿の子絞りの部分がありました。そこで、黒地だけの中二メートルを残し、両端の一メートルずつを切って剥ぎ合わせ、絞りの裾模様があるロングスカートをつくってみました。形はマーメードラインになって具合がよいのですが、縫い合わせた前後の柄が繋がらないので、どうしても気に入らず、結局、持って行くのはやめました。

ストールとチュニックに

今日、それを不意に思い出し、二メートルのストールにつくり直しました。首から肩にかけてのまとわり具合、巻きつき加減のよさは文句なしですが、愛用品にはならない。なぜかというと、絞りという和テーストは思いのほか目立つのです。和服が、世界の民族衣装の中でも特別精彩を放つと言われるように、和物は控えめであっても主張が強いのです。洋服とのコーディネートは私にはむずかしいので、下手に使うよりは、特別なとき、たとえばパーティなど（今の私には縁がないけれど）で用いたいものです。

残った黒地部分の二メートルは、貫頭衣式のチュニックにしてみました。肌触りもよくしなやかなので気に入りました。ただ、ここに穴があるので、目立たなくても知っている限り外出着にはしにくい。それでもラフな格好なら、重ね着で組み合わせるにはもってこいです。こういうのが私流です。

母の着物はスカートと手提げに

二〇年前に逝った母の衣類は、自分が着るために遺しました。今でも、私の持っている満足な洋服のほとんどは母の物です。体型が同じだったので、ワンピースやスーツ、ニットにショールまで、最初から自分のものだったかのように愛用しています。

まだ新しかったお財布も、もちろん頂戴しました。毎日使うものだけに二〇年の間に擦り切れ、テーピングしてまで使いましたが、小銭がこぼれそうになったので、しかたなく諦めました。

そのときに二つほど問題が起きました。問題その一。何事にも地味だった母にしてはそのお財布は赤系統で、まるで私に買ってくれたような気がして、どうしても捨てられないのです。母の創作バッグなどの小物と一緒に、今も置いてあります。

問題その二。新たに財布が必要になったけれど、革の財布ほど「高っい！」と思うものもありません。お金持ちにはきっと高くないのでしょうが、とても一万円は出せない私です。

そこでとりあえず、どこからかいただいて、使い道がなかった化粧品用のポーチを財布にしました。ファスナー付きのビニール製で、柄が可憐。今でも財布として愛用しています。

それでも、「ちょっとこれでは恥ずかしいな」と思うようなよそ行き用に、お値段の割には気の利いた手織りの布製ポーチを見つけ、思い切って買いました。ケチな私は劣化を恐れるあまり、お出かけのときだけに使うようにして、普段はビニールポーチです。

手縫いで簡単リフォーム

母の和服類は、私が着ないだけに困りものでした。きょうは一度に二着リフォームしました。ミシンは持っていません。手縫いでできる範囲の簡単リフォームですが、上下に切り分けると、下半分は簡単にフレアスカートになりました。

一着はいかにも和風柄なので、家で着る用です。ゴム入りのウエストにして、これなら寒い日にパンツの上から重ね着するのに便利です。洋風柄のスカートは外出着になりました。

和風柄の一着も洋風柄の一着も、袖はわずかに縫うだけで手提げ袋になります。襟の部分を提げ手として移植すれば、それで完成です。我ながら見事。特許を取りたいほどです。

残った上身頃は、ちゃんちゃんこ風のベストになりました。

兄のセーターをブルゾン風にリフォーム

兄から譲り受けたまだ新しいセーターは、柄が好ましかったので、だぶだぶのまま何度も着ていました。けれど、私の身体がだんだん縮み、セーターに着せられているみたいに見えるようになってきたので、前身頃を縦に切断しました。切断面を処理しつつファスナーを付け、ブルゾン風に直したのです。羽織るデザインに変えたことで、ぶかぶかのセーターが、ゆったり目のジャケット風カーディガンとなり、中に合わせる服によっては、またおニューのように着直すことができそうです。

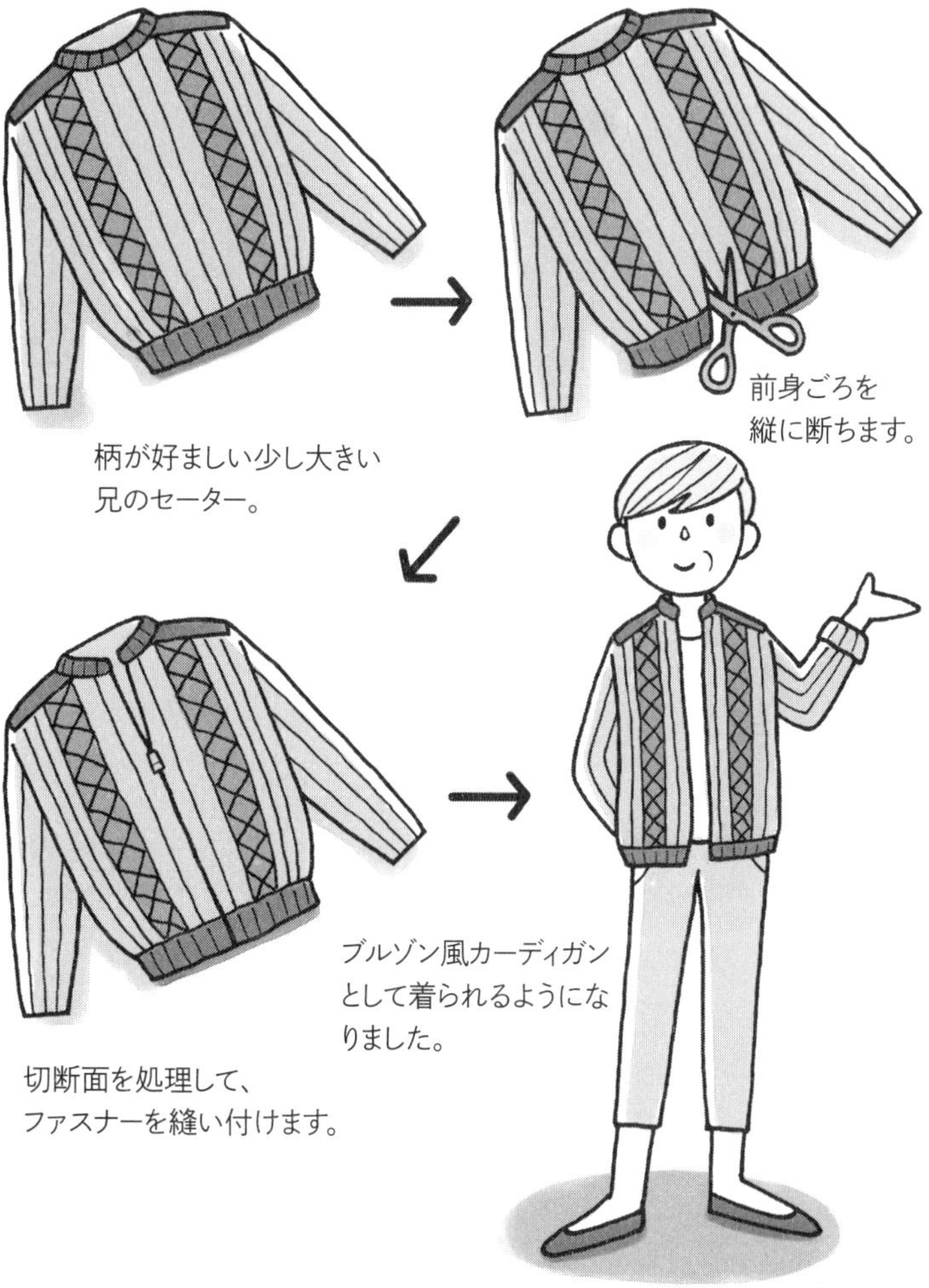
柄が好ましい少し大きい
兄のセーター。
前身ごろを
縦に断ちます。
切断面を処理して、
ファスナーを縫い付けます。
ブルゾン風カーディガン
として着られるようにな
りました。

古いストールをテーブルクロスに

まだ若かったころ、スウェーデンで機織りを学んでいた友人が、絹糸を紡いで染め、大きなストールを織ってくれました。何にでも合う色使いで、これは重宝しました。

さんざん愛用してクリーニングを重ねたため、糸が痩せてしまったので、今日、思いついたまま、テーブルクロスにしてみました。こんなふうに古くなった衣類や使えなくなった小物を、別の用途に転用して復活させるのは、自分でも気づかないケチ行動。知らないうちにその物たちと、喜びを分かち合えた気分になります。

第八章

医者のいらない身体をつくる

最期まで健康的に生きるために自分にできる努力をする

年金生活者となるに際して、もっとも我が身を改革する必要があったのは医療です。比較的医者好きだった私は、ちょっと具合が悪くなると、医療費のことはほとんど念頭にないまま、軽々に医者を訪ねたものでした。

それが収入なしの筋金入り年金暮らしとなり、あらゆる面での出費節減を図らざるを得なくなったとき、やっと、これまでいかに医療費に無頓着だったかに気付きました。「病気なら、医者にかかっても仕方ないでしょ」といった甘えが、「医者にもかかれない」に変わったとき、「もう、病気になれない」という切羽詰まるような実感がわいて、「限界まで健康を保持しなくては」という確たる思いになったのです。

どうやって健康を保てばいいか、本気で考えるようになりました。

すべてのスポーツから見放されている私の健康法は、歩くことくらいしかありません。子どものころ、お遊戯さえみんなと同じ動きができず、運動会の練習というと病気になったのですから。

歩くことだけが自分に合っているのは、速度も動きもまったく自由で、開放感があるからでしょう。姿勢や、腕の振り方、足の着地法、早歩きの勧めなど、歩行に関するいろいろな情報を耳にしますが、私にはついていけないことが最初からわかっています。歩きながら思い出したとき、できる限り教えに沿うよう真似てみる程度です。

散歩で腰痛も改善

それでもほとんど毎日外には出ます。もっとも、歩くことを目的としていても、当面はあくまで所用を片付けるための外出です。近くで用事をすませるときは、せいぜい一時間くらい。半日程度、思いのままにゆっくり歩いていることもあります。平均すれば、一日おきに三～四時間は歩いているでしょうか。

重い荷物を持つと体に響くものの、身軽なら負担もかからず、とくに盛夏は妙に元気で、足腰に痛みさえ生じないのです。痛んだとしても、帰宅後「ああ疲れたと」脛を摩る程度です。冬になれば、そうもいかないでしょう。寒さが、いかに体をこわばらせるか。それでも今冬は、めげずに歩いてみましょう。

「腰の痛みは、動くことで治す」と聞かされ、実行しているうちに、本当にそうだと思えるようになりました。今では医者から渡されたコルセットも、しまい込まれています。

身体のサインに敏感になる

以前の私は、毎年風邪をひいていました。三〇代のころは「冬中、風邪をひいているね」と人に笑われ、五〇代のころまではかなり重症の風邪をひくのが年中行事でした。

ここ五〜六年はひいても軽くてすむようになり、これは快挙だと思ったのですが……。誰でも歳をとると、風邪はひかなくなるものらしいですね。私も人並みだったわけです。

それでも風邪を悪化させるのが得意な私は、ひかないために並々ならぬ努力をしています。喉が「チチッ」と小さなサインを送ってきたとき、それを無視すると必ず喉が腫れるので、日常的に喉飴、トローチ、うがい薬、湿布を愛用していました。

万が一、「チチッ」が「ヒリヒリ」になってしまったら、もう何をしてもアウト。発熱して医者行きでした。

しかし「チチッ」の段階で、できれば「チチッ」が来るのではないかという予兆の時点で、即、葛根湯を飲めば治ると判明。葛根湯は肩こりなどの症状で飲んでも差し支えない漢方薬なので、これを手放しません。持ち歩くバッグの中、机の引き出し、ベッドサイド。この三か所に、常時三袋ずつ置いてあります。

外出中でも、パソコンに向かっているときでも、就寝中でも、少しでも「チチ」っと感じたらすぐに服用できるように。「備えあれば憂いなし」です。

歯の健康は、毎日の手入れから

みなさん、歯は丈夫ですか？　歳を取ると、なにかと歯医者さんにご厄介になるものですね。私はこの歳で親不知まで保有しているほど、歯は丈夫。それに歯磨き狂なんです。一日の歯磨き、四～五回。

昨年、かなり昔に治療した歯を再治療しようと、美しい診療室のある歯医者を受診しました。でも、すぐに詰め物の一部が剥がれてしまい、治療のせいで噛み合わせにも不都合が起こったので、別の歯科医を探すことにしました。

自宅の近くで目立たない歯科医を見つけ、観察してみると、古ぼけた入口の脇に印刷物が貼ってあります。「なんだろう?」と思って読んでみると、いつかテレビで見た、「奥歯を噛みしめないよう、部屋のあちこちに『歯!』というメモ書きを貼り付けておきましょう」という提案をしていた歯医者さんだとわかりました。

ともかくこの歯科医で治療を受けることにしました。建物は地味なのに患者数がとても多く、予約だけでたいへん。数週間待って、ようやく診察日になりましたが、待合室で順番を待つ時間も大幅延長。なにしろ、たった一人の先生が診ているのです。けれど、てきぱきと立ち働く看護師さんたちのシステム化されたアナログ連携プレーに見惚れ、時間がたつのも忘れました。

診察で歯磨き法を徹底指導

初診ではレントゲンを撮って、一本の虫歯を指摘され、剥がれた詰め物を入れ直してもらいました。二診目は虫歯の治療でしたが、「次回、使っている歯ブラシを持ってくるように」と指示され、そして三診目。持参した歯ブラシで、普段どのように歯磨きしているか、磨いて見せ、誤りの指摘を受けながら、歯磨き法を厳しく指導されたのです。

ポイントは、上下側面部の裏表を歯ぐきから、縦に磨きおろしながらブラシを横へ進め、噛み合わさった上下を磨いたあと、側面部裏表の歯間を横磨きにしていくこと。お手本として示された歯ブラシは相当硬く、歯ぐきからすぐ血が出そうでした。思わずそう口にすると、

「血は出たっていいんです」

「……」

以来、一日も欠かさずに、「信頼できる医師二〇〇人」という本にも載っている師の教えを実行しています。かなり力が要りますし、時間も一〇分ほどかかります。歯磨き狂の私は今日も歯磨きに熱がこもります。

無料の講座に参加して人との会話を増やす

私はいわゆる「おひとりさま」ですが、気ままな一人暮らしを満喫しています。ただ、望み通りの世離れが激しくなってきたせいか、たまに人と会話すると口が回りにくく、言葉が出てきにくくなってきました。あまりに人との交わりを絶やしていると、脳が劣化するそうです。これを知ってよかったと思います。

そこで昨夜、寝る前に、「今日は、何言会話した?」と自らに問うてみたのです。スーパーマーケットに買物に行っただけだったので、「これください」も言わないですみ、一日に一言も発生していなかったのです。驚いたのは、それも一日だけではなかったことです。

どんなに孤高に憧れたところで限度があるでしょう。体調を悪化させたとき、助けてくれる人に説明もできなくなっては困ります。ある程度は人と交わらねばならないと思いました。

町内にも多くの趣味のサークルがあり、活発な動向をしているようです。このあたりは地元意識が強く結束力が固いので、都心より規模は小さくても、その活動は盛んです。でも、集団で何かすることについていかれない私は、どんなに少額の月謝でも、その価格に関係なく、「贅沢」と分類されています。

ところが、探してみると無料で参加できるものもあるのです。講座なら、文学、音楽、歴史など。工作系なら、わら細工の鍋敷きづくり、果実を摘んでのジャムづくり、竪穴式住居のある公園で古代食づくり、ドングリを砕いてクッキーづくり、ガラスを溶かしてトンボ玉づくり、琥珀を研磨して勾玉づくり、粘土でカラフルタイルづくりなどなど。

ついには、みんなで大合唱にも参加するようになりました。団体が苦手でも、タダはありがたい。何となく心身が軽くなります。

あるとき地域情報誌で、民話を語るイベントを開催するために、朗読のオーディションがあることを知りました。近隣地区に伝わる民話を知りたいと思い、また声を出してみたいという欲求もあったので応募してみました。

本を読んで練習し、オーディションに挑戦しましたが、テストとして読みあげる文言も舌が回らず、結果は予想通り……。でも、気兼ねなく声が出せる気分のよい体験でした。自分の声を確かめられたことだけでも刺激を受けました。

ところが後日、この民話の会の裏方をやりませんかと、声をかけていただいたのです。私は、そのありがたいお誘いを感謝の念で受けました。サークルに入ることはできないまでも、お誘いが嬉しかったことも、それに応えたかったことも事実です。

現在も会員にはならないまま、これが自然な私のありようなのだと、あつかましくも会費も払わず、自由参加させてもらっています。

時間を見つけて口を動かす体操をする

最近、顎が退化してきたのか、言葉だけでなく、食事にも影響が出てくるようになりました。食事中に犬歯が舌を突き刺したり、奥歯が頬の裏を噛んでしまうのです。歯を治療したことも関係あるかもしれません。まるでドラキュラみたい。齧る相手は自分ですから罪はありませんが、齧られるのも自分ですから痛いには痛い。

そこで、非常にゆっくり食べるようになりました。スローテンポにすると、余計なところを齧らなくなり、肝心なものだけしっかり噛みしめるようになりました。食べものはできるだけよく噛むことで、脳によい刺激を与えるそうですから、一挙両得です。

それにしても、一人で過ごす時間があまりに長く、口を動かす機会が激減しているのは明らかなので、家の中で「口体操」をすることにしました。

歌を歌って、本を閉じたくなったら音読

「口体操」のいちばんめは、在宅歌唱です。歌は好きですが、習ったことはありません。歌唱法も発声法もなく、音程不正確、歌詞の誤り多々。でも誰に聴かせるわけでもないので、口が動かせて声が出せればそれでよし。

今は行きませんが、四〇年前はカラオケにもよく行きました。昔とったキネズカとやらで、ドイツリート（中高校で習った）からド演歌（藤圭子のファンだった）までレパートリーの広さは自慢できます。家では、いい加減な鼻歌から始まって、なにかの曲にたどりつくとすぐに興がのってきて、鼻だけでは飽き足らず、歌い出すのが常

です。ご近所の手前、一応声は控えているつもりですが、どうですか。

次に朗読です。読書中に、突然なにをか思わん、音読してみるのです。

始めたきっかけは、読書中に文章の意味がわからなくなって、声に出してみたら理解できたことかもしれません。あとは、本がおもしろくなくて読むのをやめようかな……と思ったとき、閉じる前に声に出してみたら、別の意味でおもしろくなったからです。音読すると、読み流してしまいがちなセンテンスも、語感や言い回し方に味わいがあったりすることに、気付くものです。

谷川俊太郎の『ことばあそびのうた』は、声に出すと余計におもしろいですね。

「さるさらう　さるさらさらう　さるざるさらう　さるささらさらう　さるさらささらう　さらざるささらさらささらって　さるさらりさる　さるさらば」とか。

湯船につかりながらカンツォーネを口パク熱唱！

そして入浴タイムは、絶好の「口体操」の時間です。シャワー派だった私ですが、入浴は身体によいと聞いて以来、湯船につかるようになりました。でも、せっかちな私には退屈でもあるので、発声練習をすることにしました。

お口体操もできて、お風呂はダブルで健康によい時間となりました。

さすがに浴室にテキストは持ち込めないので、簡単に思い出せる、濁音（「が・ざ」など）と、破裂音（「ぱ・ぴ」など）、促音（「っ・ゃ」など）を含む「五〇音」を皮切りに、「いろは歌」で最高潮を迎えます。これには今様もどきの節をつけます。やってみましょうか。

『♪いぃーろは（色は）にほへと（匂えど）ちり（散り）ぬるを〜、

わァーがよたァーれそ（我が世誰ぞ）つね（常）ならむゥー、
うゥーゐ（有為）のおくやま（奥山）けふこへてェ〜（今日越えて）、
あァーさきゆめみし（浅き夢見し）ゑひ（酔い）もせすー、
ア、ゑひもせすゥ〜っとォ……♪』

空海作だというのは虚説でも、いろは四七文字を読み込んだ、天才にしかつくれない名歌ですよね。素晴らしい！　ここで拍手喝采。

最後にドイツ語とスペイン語のＡＢＣの読み方を暗唱します。なぜドイツ語とスペイン語かって？　たいした意味はありません。昔、ドイツとスペインに旅行するために、「ＡＢＣくらい知っておかないと」と思って覚えたのですが、私はすぐ物事を忘れる。でも、苦労してせっかく覚えたのだから、忘れたくなくて。それで日々の暗唱です。

仕上げはカンツォーネにしましょうか。ジリオラ・チンクェッティってご存知？

ふるーい？「雨」が好きですが「夢見る想い」もいい。サビの「ラシャケイオビヴァ　ウナアモレロマンティコ……」の盛り上がりがいい。

大きく開けた口パクで二曲くらい歌いましょう。なぜカンツォーネかって？　まあ声を張り上げるイメージからでしょうかね。イメージだけでも、無声で歌うだけで全身運動になります。もし実際声を張り上げたりしたら、浴室はエコーがかかりますから、団地中に響き渡ってしまうでしょう。……美声がもったいない。

お風呂上りはヒミツ言葉で顔面美容体操

お風呂から上がって鏡の前に座るときも、お決まりの単語練習。ここでヒミツ言葉を公開です。

いいですか？　いきますよ。

「キャミーパミュパミュ」（きゃりーぱみゅぱみゅさん、リでなくてミでごめんなさい＝リよりミのほうが発音しにくいからです）これを三回。

「ミムミムミムミムバー」「ビブビブビブビブビー」「ピプピプピプピプボー」を三回。

「アニエスヴェー」ブランド品のマワシ者ではありません。ヴェーは、舌を思い切り出してベーです。これ三回。

「パンダのタカラ」を三回。これはどこかで教えられた、練習言葉です。

以上、すべて口の回りにくい言葉なので、顔全体を使う就寝前の美容体操になります。笑っていないでお試しあれ。

鏡をあちこちに置いて自分の姿を確かめる

心の健康も大切ですね。

子どものころ、「鏡を見ながら食べるとおもしろい」と友達に言って、「二人分食べてるようだから？」とからかわれました。そうではなく、無意識の所作を見るのが、新鮮だったり奇妙だったりするからです。

ほら、街路のショーケースに偶然映った自分の格好や顔つきに、ハッとすることありません？　私は今でも、室内で一定時間を過ごす場所の近くに鏡を置いています。

例えば机から、ふと目を上げたときに目に入る位置に。テレビを見る席を、斜めから映す位置に。

こうしておくと、何かに没頭して忘我状態が続いているときの一瞬、自分を見るとわかります。「うわ、口角が下がってへの字になってる」「あれー、背中が曲がってきた」などと「なんでそんな変な顔してるの？」「姿勢が悪いわ」と言ってくれる人がないからでもあり、独り身には必要な第三の目。自分を客観的に観察する方法かもしれません。

外面を映す鏡ですが、ふとした瞬間の表情や姿勢には、心の状態が現れているものです。

鏡に映る姿に、心が映る

もう一つ子どものころの思い出話をすると、手鏡を天井に向けて家の中を歩くのが好きでした。そこは異空間で、まさに不思議の鏡の国です。例えば廊下は細長い箱となり、舟のようです。昔風の釣り下がり型電灯は、鏡では床から生えているように見え、舟の一装置のようにも映るのです。

欄間も、鏡の中では足元を仕切る板となり、頭上に見慣れたその装飾が、見たこともないような異物に変わります。欄間を跨ぐようにして座敷に入ると、座敷の天井は、廊下とまた違う床に見えます。照明具はまるで花でも咲いているようで、隅々に謎めいたオブジェをたくさん発掘したものです。

「うち向かうたびに心を磨けとや……」という和歌を人から聞き、鏡を見ていると、時々思い出すことがあります。下の句は、鏡は神の創ったものだからという内容なのですが、正確なミソヒトモジを覚えていない。調べてはみましたが現在のところ不詳です。

神様とは切り離して考えても、普段はお化粧具合を確かめるための鏡を、束の間でも内省することに利用するのもよいのではないでしょうか。

「私は大丈夫」と思うのではなく、備えを一つずつ充実させる

「車を運転していた高齢者が、アクセルを踏み違えて暴走した」「高齢者が、また特殊詐欺にあった」というニュースを耳にするたび、「またか」と思うだけでなく、「私は大丈夫」とは思わないように、一件一件自分に当てはめて、注意を喚起することだけでもやっておこうと思います。

私の住まいの周辺は雑木林が多く、人通りが少ないので、夜歩くときは、他のことに気を取られず、前後をよく確かめ、時々振り返ったりして隙を見せずに歩くよう気

を付けています。ホイッスルと、ストラップ型懐中電灯はいつもバッグの取り出しやすいところに入っています。さらに、軽量の折り畳み傘、レジ袋より小さく畳めるレインキャップ、水と炒り豆やチョコレート、薬類も、常にバッグに入っています。カイロのほか、握りこぶしほどの大きさになる衣類も。

万が一のときに頼れるのは自分だけ

大災害も頻発しています。被災者の様子が報じられるたび、備えることを促されるものの、何から始めたらよいのか考えているうち、喉元過ぎれば……で、つい対策を先延ばしにしがちです。でも、こうした報道に接するごとに、何か一つ対策を加えてはいかがでしょうか。私は最近、災害時に困った話を耳にして、簡易トイレを買い足すことにしました。そして、たとえ三日分でも相当数が必要なことに気付きました。避難所に行けばどこでも自由にトイレが使えるだろうと思いがちですが、近辺になかったり、ひどく不便な状況に置かれる可能性だってありえます。延々と並ばなければ順番がこないトイレ、どれだけ我慢できますか。想像するだけでも卒倒しそうです。ネットで検索すると、簡易トイレにはピンからキリまで多種あることがわかりました。私はなるべくネット通販をしたくないので、近在の薬局やホームセンターへ探しに行きましたが、意外に売っていませんでした。この際、ネットでも何でも使って、ぜひ準備しましょう。

一人者は、全部自分で備えなければなりません。いつも「危機意識」を持っていたいものです。こればかりは「持ち過ぎ」ということはないように思います。

怪我や病気のとき、一人暮らしだとどんなに困るかは想像にあまりあります。大怪我をしてしまった。急病になった。さあどうするかと、具体的に考えておきます。

助けを求める携帯電話は、手の届くところに置いて寝る。家内事故の例も多いとのこと。私は、暗がりで家具の角に額をぶつけて、顔を血染めにした経験があります。そのせいで私の眉間のシワは三本入りです。夜は電気を点けましょう（笑）。

でも、停電になる可能性もありますから、周囲を片付けてから寝ましょう。とかくせっかちな私は、なるべく落ち着いて行動するよう、気を付けようと思います。

おわりに

風が立ちました。旅発ちのときです。

私は毎日のように、「今日、どこかへ行ってみたい」という思いが起こります。

場所はすぐ決まるので、まずは箪笥を開けて、今夏が終わるまで袖を通すことのなかった長袖を、今日は着ていくことにしました。葡萄色の、腰丈まであるブラウスです。裾と袖口がほんの少し広がっていて、薄い生地のために、そのシルエットはしなやかです。年に一度しか着ないようにしているお気に入りのこの服に、今日は紺色の帽子と、帽子と同色のスパッツを合わせました。

荷物は？　もとよりキャスター付きのスーツケースは、持ち合わせません。そんな大きな物が家にあったら大いに困るからです。これまですべての旅行は、どこであれリュックでした。せめてしっかりしたつくりのものをと、信頼性のある国産老舗ブランド品を、初めて海外に行くときに買いました。一〇キロを背負います。

しかし今日手にした荷物は、手提げにもなるショルダーバッグ一つです。そう、いつものショッピングバッグ。行くと決めたところは、徒歩三〇分の池畔なのです。五〇〇メートルも続く欅並木はまだ夏色ですが、今日のような涼しい日は、空気が夏よりも優しく、秋らしい涼風が樹々に新しい季節の装いを誘いかけています。

そろそろ緑地が見え始めるころ、老夫婦が営んでいるパン屋さんでフレンチトーストを一切れ買いました。ここのフレンチトーストは、長いフランスパンを縦横十文字に切った四分の一で、手に持って口に運びやすい形。その甘みはクリーミーで、外皮と身が口の中で調和し、その歯応えが絶妙。一二〇円とお安いのも魅力です。

支払いのあと、バッグの中にポンと入れました。このパン屋さん、頼むとコーヒーも淹れてくれるので、今日は蓋つき発泡スチロールカップを手にして、池のある緑地へ向かいます。

お店を出たとき、サワーと吹いてきた秋風が、「早く早く」と呼んでいるようです。

緑地の奥に、池はあります。長く長く歩いて、やっと荷を置いた池畔のベンチは、木製で大きめの一人掛けが、二脚ずつ、五か所に設置されています。その配置がお見事。五脚それぞれが、池に対してやや斜めに向けられ、並んだ一組二脚が、前後に三〇センチほどずらして設置されているのです。一人ずつが適当な距離感をもって、他の人の姿を見ずに憩えるように置かれているわけです。もっと池寄りには、仲間とおしゃべりができる長いベンチもあります。

噴水もあり、水鳥の小さな餌置き場もある池の左手は、鬱蒼とした高台から大樹が池水まで枝葉を傾けて、前方には大芝生の広がり、右手奥の木陰にはガゼボ（洋風の東屋）が建っています。

私にとって、ここは半時間で到着できるご近所などではなく、たとえ毎日訪れたとしても、未知の遠地でもあるように感じる、心の異郷なのかもしれません。

頭上の木々の枝ぶり、葉の動き、足元までやってくる鳥たちの表情、そしてお天気によって大きく様変わりする池畔の大気。たとえれば地上の楽園でもあるかのような、心を満たす憩の場です。

ロマンは案外身近にもあって、心の目を見開いてみれば、手の届くところにもあるということでしょうか。

著者

●著者略歴

小笠原洋子（おがさわら ようこ）

1949年東京都生まれ。東洋大学文学部卒。京都で日本画、現代陶芸を扱う画廊に勤務。東京に移転し、弥生美術館、竹久夢二美術館にて学芸員、及び成蹊大学非常勤講師を務める。退職後、フリー・キュレター、美術エッセイストとしても活躍。昭和初期の挿絵に関する諸本を編集。著書に、『五条坂弥生坂物語』（美術出版社）、『夢二・ギヤマンの舟』（大村書店）、『ケチじょうずは捨てじょうず』『ケチじょうず　美的倹約暮らし』（以上、ビジネス社）、『フリードリヒへの旅』（角川学芸出版）などがある。

おひとりさまの ケチじょうず

2019年11月16日　第1刷発行
2022年3月1日　第2刷発行

著　者　小笠原洋子
発行者　唐津 隆
発行所　株式会社ビジネス社
〒162-0805　東京都新宿区矢来町114番地 神楽坂高橋ビル5階
電話　03-5227-1602　FAX　03-5227-1603
http://www.business-sha.co.jp

印刷・製本／三松堂株式会社　〈カバーデザイン〉藤田美咲
〈本文組版〉茂呂田剛（エムアンドケイ）〈イラスト〉小沢陽子
〈編集担当〉山浦秀紀　〈営業担当〉山口健志

ISBN978-4-8284-2143-8